「乳酸発酵漬け」の作りおき

荻野恭子

文化出版局

素材＋塩水＋時間＝乳酸発酵漬け

　料理研究のために世界を旅していて、最も興味深いものの一つが〝塩〟です。岩塩、海塩、湖塩……などグローバルな塩の世界があることを見聞してきました。大きく硬い岩塩は、削るよりも水に浸して塩水にしたほうが扱いやすいことなど、実際に見て大いに納得したものです。また、種類や製法はさまざまあるものの、塩を使って料理をし、保存食を作るといったことは人類共通の知恵であると実感しながら、数多くのレシピを蓄えてきました。

　ロシアの漬物に「キャベツの乳酸発酵漬け」があります。日本の重し漬けとは違い、ロシアでは浮かし漬けにするのが一般的です。時間が経つと乳酸発酵が進んで、独特のうまみが出てきますが、これさえ作っておけば、そのままサラダのように食べられ、シチーと呼ぶ伝統的なキャベツのスープや、ボルシチなども、あっという間に作ることができます。そのときに大事なことは、乳酸発酵漬けの漬け汁も残さず使いきるということ。漬け汁で自分好みの味に仕上げることができます。

　今回のテーマ「乳酸発酵漬け」は、このロシアの浮かし漬けが発端です。キャベツだけでなく、そのほかの野菜や乾物、果実に肉や魚まで、みんな乳酸発酵漬けにし、あわせて展開料理もご紹介しています。

　そもそも乳酸菌は腸内細菌のバランスをとるうえでも欠かせないもので、そのバランスの変化は体調にさまざまな影響を及ぼすことがわかってきています。

　乳酸菌の作用としては、① 腸の健康改善、② 栄養素の利用を高める、③ 免疫活性化、④ 発がん抑制、⑤ アレルギー発症の緩和、⑥ 血中コレステロールを低下させるなどと言われており、まさにいいことずくめです。多くの方々に乳酸発酵漬けによって、おいしく健康づくりをしていただけたらうれしいです。

　さらに本邦初公開！　中国料理研究の集大成として、発酵調味料の作り方をご紹介します。中国の〝醬〟を、日本で作りやすいようにと、工夫しました。発酵調味料も実は、塩水が欠かせません。

　食は安心安全が第一ですし、自分の健康は自分で守るべきものと考えています。皆さんが楽しく元気に、笑顔で過ごせるようにと願ってやみません。

荻野恭子

目次

乳酸発酵漬けのいいところ 6

乳酸発酵漬け

野菜を漬ける
乳酸発酵漬けの基本 9

1 小松菜の乳酸発酵漬け 10
- 小松菜と油揚げの煮びたし 10
- 小松菜の白あえ 11
- 小松菜ときくらげの卵炒め 11
- 小松菜チャーハン 12
- 小松菜とあさりのスープ 13

2 キャベツの乳酸発酵漬け 14
- コールスロー 14
- 鶏手羽元とキャベツのスープ 15
- キャベツのソーセージドッグ 15
- キャベツとえびのグラタン 16
- キャベツロールのレモン煮 17

3 にんじんの乳酸発酵漬け 18
- にんじんサラダ 18
- にんじんの塩きんぴら 19
- にんじんのかき揚げ 19
- にんじんのおいなりさん 19

4 きゅうりの乳酸発酵漬け 20
- ポテトサラダ 20
- 豚肉ときゅうりのスープ 21
- きゅうりといかの椒麻ソース 21

5 トマトの乳酸発酵漬け 22
- 発酵トマトとヨーグルト 22
- 豚肉といんげん豆のトマト煮 23

6 白菜の乳酸発酵漬け 24
- 辣白菜 24
- 白菜と帆立のクリーム煮 25
- 八宝菜 25
- 豆腐とあさり、牛肉のチゲ 26
- 酸っぱい白菜鍋 27

7 きのこの乳酸発酵漬け 28
- きのこのオムレツ 28
- きのこ汁 29
- きのこの炊き込みご飯 29

8 大根の乳酸発酵漬け 30
- 大根のカクテキ 30
- 大根のごま揚げ 31
- 船場汁 31
- 大根とぶりのカレー 32
- 大根とスペアリブの蒸しスープ 33

9 かぶの乳酸発酵漬け 34
- かぶと柿のあえ物 34
- かぶとかきのグラタン 35
- かぶと鶏だんごのスープ煮 35

10 カリフラワーの乳酸発酵漬け 36
- カリフラワーとあんずのマリネ 36
- カリフラワーのサブジ 37
- カリフラワーのベニエ 37

乾物を漬ける

1 切干し大根の乳酸発酵漬け 42
切干し大根のごま酢あえ 42
大根餅 43
切干し大根餃子 43

2 干ししいたけの乳酸発酵漬け 44
しいたけと三つ葉のかき玉汁 44
しいたけの簡単リゾット 45
しいたけ焼きそば 45

果実を漬ける

1 レモンの乳酸発酵漬け 46
羊のクスクス 46

2 りんごの乳酸発酵漬け 47
鶏肉とりんごのフリカッセ 47

3 パイナップルの乳酸発酵漬け 48
かじきのエスニック炒め 48

4 ぶどうの乳酸発酵漬け 49
ペルシャ風ピラフと
ミートボールの煮込み 49

肉、魚を漬ける

1 鶏肉の乳酸発酵漬け 50
ポトフー 50
鶏ハム 51
ガパオライス 51

2 豚肉の乳酸発酵漬け 52
ポッサム 52
カツレツ 53
自家製ショルダーベーコン 53

3 鮭の乳酸発酵漬け 54
鮭フレークと卵サラダのカナッペ 54
鮭とじゃがいものサワークリーム煮 55
鮭とイクラのちらしずし 55

COLUMN 1
ぬか漬け 38
古漬けの利用法
古漬けの氷水茶漬け／古漬けのあえ麺 40

COLUMN 2
パン床漬け 41

COLUMN 3
甘酒 66
えびチリ／肉だんごの甘酢あん 67

発酵調味料

みそを仕込む

1 米みそ 57

米みそを応用して
なめみそ 58
　ゆずみそ／くるみみそ／
　にんにくみそ／油みそ　58
即席みそ汁　58

2 豆みそ 60
豆みそを応用して
　桜みそ／甜麺醤　61

桜みそを使って
　なすの田楽　62
　かき鍋　63

甜麺醤を使って
　チャーシューサンド　64
　回鍋肉　65

赤とうがらしを漬ける

1 泡椒醤と辣椒醤 68
　（パオジャオジャン　ラージャオジャン）

泡椒醤と辣椒醤を使って
　さわらのとうがらし煮　69
　牛肉となすのピリ辛炒め　70
　里芋と豚肉の米粉蒸し　71

辣椒醤を使って
　じゃがいもとピーナッツの炒め物　72
　たけのことそら豆の炒め物　73
　豚肉とこんにゃくの炒め物　74
　煮干しとピーマンの炒め物　74

2 豆板辣醤 75
　（トウバンラージャン）

豆板辣醤を使って
　魚介の怪味ソースがけ　76
　棒棒鶏　77
　麻婆豆腐　78
　汁なし担々麺　79

本書について
- 1カップは200㎖、大さじ1は15㎖、小さじ1は5㎖です。
- 塩は粗塩、砂糖はきび砂糖を使っています。
- 植物油はひまわり油、菜種油を使っていますが、好みのものでかまいません。オリーブ油はエキストラバージンオリーブ油を使っています。
- 保存に使用する保存瓶は、必ず熱湯消毒して用います。大きいボウルに瓶とふたを入れて熱湯を回しかけます。耐熱容器などは急激な温度変化に弱いものもあるので、必要な場合は、50℃くらいの湯で温めてから行なってください。
- 野菜はよく洗い、基本的に皮はむかずに使用しています。
- 材料中の「漬け汁」は、「乳酸発酵漬け」の漬け汁のことです。

「乳酸発酵漬け」のいいところ

1 腸内環境を整え、体にいい！

腸は健康の要（かなめ）といわれていますが、腸の働きを左右するのが腸内細菌です。体に有益な働きをする善玉菌の代表が乳酸菌です。食べ物の消化吸収をよくし、腸の働きを活性化し、さらにビタミンを合成する働きがあるすぐれもの。発酵食を毎日食べて善玉菌を増やすことで、腸内環境が整い、便秘解消や免疫力アップに役立ちます。

2 乳酸発酵の効果でうまみが増す

野菜だけでなく、乾物、フルーツ、肉や魚も、塩水に漬けることで、塩が早く浸透し、乳酸発酵しやすくなります。漬けてから日がたつと酸味を感じるのは乳酸発酵している証拠。肉や魚の乳酸発酵漬けは、酵素の働きで、たんぱく質が分解されて、アミノ酸などのうまみ成分がプラスされるので、熟成したおいしさが味わえます。

3 野菜がたくさん食べられる

野菜は塩水に漬けることで、かさが減り、サラダなどで生のまま食べるより、たくさんの量が食べられます。必要なときに冷蔵庫から取り出せて、パパッと調理できるので、野菜不足の解消に役立ちます。買い物に行けないときでも、乳酸発酵漬けがあれば、安心です。

4
減塩につながる

塩を直接まぶすより、少ない塩分で味がしみ込むので、減塩につながります。応用料理を作るときに、調味の塩は必要ないか、最小限ですみます。うまみもあるので、余分な調味料を使わなくてすみます。

5
保存が効く

乳酸菌が繁殖した発酵食品は、腐敗菌などの繁殖を抑えるので、漬けた素材が腐敗しにくくなり、保存性が高まります。キャベツや白菜を丸ごと1個買っても、使いきれずに腐らせてしまった経験はありませんか？そういうときは塩水漬けにすれば、時間がたっても傷まず、野菜を無駄なく使いきることができます。

6
時短調理に向き、応用が効く

乳酸発酵漬けがあれば、料理を作るときに、野菜を洗ったり、切ったり、下ごしらえする手間がいりません。保存瓶から出してすぐに使えるので、調理時間が短縮できます。塩だけのシンプルな味つけなので素材のおいしさが引き立ち、スープやあえ物、炒め物や煮込みなど、いろいろな料理に応用できます。また、乳酸発酵のうまみが出た漬け汁も、料理に利用できるので一石二鳥。スープのだしのベースに、肉や魚の下味に、乾物をもどすときなどに便利です。

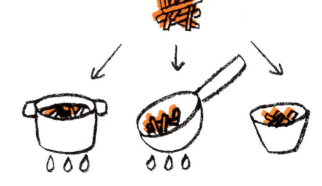

乳酸発酵漬け

野菜を漬ける

乳酸発酵漬け

塩を溶かした水に、野菜、乾物、果実を漬けるだけで、乳酸発酵特有のおいしさがうまれます。常備すれば、毎日の食事で手軽に乳酸発酵食をとることができるすぐれものです。肉、魚も塩水に漬けると、まんべんなく味が浸透し、保水性が高まるので、加熱してもかたくならず、うまみが出ておいしく味わえます。どれも、応用する料理により、ハーブや香辛料などを加えて風味をつけると、さらに味わい深くなります。

乳酸発酵漬けの基本

野菜を漬ける

水 3カップ ＋ 塩大さじ1〜1½ ＋ 野菜 500g

＊材料（2人分）

水　3カップ
塩　大さじ1〜1½
好みの野菜（正味）　500g

＊漬け方

1　分量の水に塩を加え、よく混ぜて塩を溶かす。

2　野菜は洗って水気をきり、漬けやすい大きさ（小松菜の場合は根元を切り落とし、5cm長さ）に切る。保存瓶（容量1〜1.2ℓ）に入れ、1を注ぐ。ふたをのせて1〜2日間室温におき、その後、ふたを閉めて冷蔵庫へ。約2週間保存可能。

うまみや香りをプラスするなら

どんな料理にも応用しやすいように、本書ではシンプルに塩水だけで漬けていますが、うまみや香りのある食材をプラスして、自分好みの味を楽しむこともできます。

うまみをプラスする食材

昆布　削りがつお　煮干し

桜えび　ちりめんじゃこ　干し貝柱

干しえび　焼きのり　いり白ごま

香りをプラスする食材

ローリエ　ディル　レーズン　干しあんず

しょうが　にんにく　赤とうがらし　花椒（ホワジャオ）

くるみ　オリーブ油　黒粒こしょう

乳酸発酵漬け 野菜を漬ける 小松菜

野菜を漬ける 1

小松菜の乳酸発酵漬け

野沢菜漬けを思わせる、シャキッとした歯ごたえが新鮮です。骨粗しょう症の予防に欠かせないカルシウムを多く含む野菜なのでいろいろな応用料理で味わって。

* **材料(作りやすい分量)**

小松菜　500g(約2束)
水　3カップ
塩　大さじ1〜1½

* **漬け方**

小松菜は根元を切り落とし、5cm長さに切り、p.9 を参照して、同様に漬ける。

小松菜と油揚げの煮びたし

乳酸発酵した漬け汁と煮干しで、うまみのある煮汁に。

* **材料(2人分)**

小松菜の乳酸発酵漬け　100g
油揚げ　1枚
煮干し　5本
漬け汁　½カップ
みりん　大さじ1
しょうゆ　小さじ1

1　油揚げは熱湯をかけて油抜きし、2cm幅に切る。煮干しは頭と腹わたを取る。
2　鍋に水¾カップと煮干しを入れて火にかけ、煮立ったら小松菜の乳酸発酵漬けを加えて一煮する。
3　漬け汁、みりん、しょうゆを加え、油揚げを加えて一煮する。

小松菜の白あえ

小松菜は水気をきるだけでOK。あえ衣に塩は使いません。

＊材料（2人分）

小松菜の乳酸発酵漬け　70g
木綿豆腐　½丁（150g）
A　すり白ごま　大さじ2
　　砂糖　大さじ1
　　しょうゆ　小さじ½

1　豆腐はペーパータオルに包んで水きりする。
2　小松菜の乳酸発酵漬けは水気をよく絞る。
3　ポリ袋に1とAを入れて豆腐をなめらかにつぶし、2を入れてあえる。

小松菜ときくらげの卵炒め

きくらげは漬け汁につけておくと、塩がなじんでおいしい！

＊材料（2人分）

小松菜の乳酸発酵漬け　120g
きくらげ（乾燥）　5g
漬け汁　適量
卵　3個
塩　ひとつまみ
こしょう　少々
長ねぎ（細切り）　5cm
ごま油　大さじ2

1　きくらげは水でもどし、水気をきって一口大に切り、漬け汁につける（写真）。
2　卵はとき、塩、こしょうを加えて混ぜる。フライパンにごま油大さじ1½を熱し、といた卵を入れて大きく混ぜ、半熟状になったら取り出す。
3　フライパンにごま油大さじ½を熱し、長ねぎを炒め、香りが出たら小松菜の乳酸発酵漬けを加え、1のきくらげの水気をきって加えて炒める。2の卵を戻し入れ、ざっくりとほぐしながら炒め合わせる。

小松菜チャーハン

乳酸発酵した小松菜を、高菜漬けの代わりに使って。

*材料(2人分)

小松菜の乳酸発酵漬け
　（p.10参照）　50g
卵　2個
塩　ひとつまみ
こしょう　少々
ご飯(温かいもの)　400g
桜えび(乾燥)　5g
長ねぎ(みじん切り)　大さじ2

A　しょうゆ　小さじ1
　　砂糖、粗びき黒こしょう
　　　各少々
植物油　大さじ2

1　小松菜の乳酸発酵漬けは粗みじん切りにする。
2　卵はとき、塩、こしょうを加える。
3　フライパンに油を熱し、2を入れて大きく混ぜ、半熟状になったらご飯を加えてほぐすように炒める。
4　桜えび、長ねぎ、1を加えて炒め、Aを加えて炒め合わせる。

乳酸発酵漬け　野菜を漬ける　小松菜

小松菜とあさりのスープ

調味料は漬け汁と酒のみ。素材のうまみが堪能できます。

✻ 材料(2人分)

小松菜の乳酸発酵漬け(p.10参照)　50g
あさり(砂抜き)　300g
A **漬け汁**　1/4カップ
　水　1カップ
　酒　大さじ1
ごま油　小さじ1

1　あさりは殻をこすり合わせてよく洗う。
2　鍋にAとあさりを入れて火にかけ、あさりの殻が開いたら、小松菜の乳酸発酵漬けを加えて一煮する。仕上げにごま油を回し入れる。

乳酸発酵漬け 野菜を漬ける キャベツ

野菜を漬ける **2**

キャベツの乳酸発酵漬け

胃腸の粘膜を保護し、働きを高めるビタミンUやビタミンCの豊富なキャベツが乳酸発酵でうまみもアップします。ザワークラウトのように、料理の付け合わせにもおすすめです。

＊材料(作りやすい分量)

キャベツ　400g
にんじん　50g
玉ねぎ　50g
水　3カップ
塩　大さじ1〜1½

＊漬け方

キャベツ、にんじん、玉ねぎはせん切りにし、p.9を参照して、同様に漬ける。

コールスロー

定番のサラダも、乳酸発酵漬けのキャベツを使えばあっという間にでき上がり。

＊材料(2人分)

キャベツの乳酸発酵漬け　100g
りんご　1/4個
カッテージチーズ　大さじ2
酢　大さじ1
こしょう　少々
オリーブ油　大さじ2

1　キャベツの乳酸発酵漬けは軽く水気をきり、りんごは皮ごと細切りにする。
2　1をカッテージチーズ、酢、こしょう、オリーブ油であえ、好みでディル(分量外)を飾る。

鶏手羽元と
キャベツのスープ

キャベツの乳酸発酵漬けをスープに使うのはロシアの伝統。
飽きないおいしさです。

＊ 材料(2人分)

キャベツの乳酸発酵漬け　70g
鶏手羽元　4本
水　2カップ
漬け汁　1/2カップ
ディル(1～2cm長さに切る)　大さじ1

1　鍋に分量の水と鶏手羽元を入れて火にかけ、煮立ったら弱火で15分煮る。
2　キャベツの乳酸発酵漬けと漬け汁を加えてさらに10分煮て、仕上げにディルを加えて火を止める。

キャベツの
ソーセージドッグ

乳酸発酵漬けのほのかな酸味は、
ソーセージと相性抜群です。

＊ 材料(2人分)

キャベツの乳酸発酵漬け　50g
ウィンナーソーセージ　2本
ドッグパン　2個
バター、粒マスタード　各適量

1　ソーセージは熱湯に入れてゆで、湯をきる。
2　ドッグパンは縦に1本切り込みを入れ、オーブントースターで焼き目がつくまで焼く。バターと粒マスタードをぬる。
3　2に1と水気を絞ったキャベツの乳酸発酵漬けを等分にはさむ。

乳酸発酵漬け 野菜を漬ける キャベツ

キャベツとえびのグラタン

えびの下味に漬け汁を使用。ブール・マニエでコクのある仕上がりに。

※ 材料(2人分)

キャベツの乳酸発酵漬け(p.14参照) 100g
えび(殻をむく) 4本
漬け汁 1/4カップ
ブール・マニエ
　バター(室温に戻す) 大さじ1
　小麦粉 大さじ1
水、牛乳 各1カップ
マカロニ、ピザ用チーズ 各30g
バター 適量

1　えびは背わたを取り、漬け汁に5分ほど漬ける。
2　ブール・マニエを作る。やわらかく練ったバターに小麦粉を加えて練り混ぜる。
3　鍋に分量の水を沸かし、マカロニ、キャベツの乳酸発酵漬けを入れて10分煮る。1を漬け汁ごと加え、牛乳と2を加えて混ぜ、とろみがつくまで3～4分煮る。
4　耐熱容器にバターをぬり、3を入れて、ピザ用チーズをのせる。220℃に予熱したオーブンで10分焼く。

キャベツロールのレモン煮

乳酸発酵漬けのキャベツで肉だねを包んで、ロールキャベツ風の一皿に。

＊材料（2人分）

キャベツの乳酸発酵漬け
　（p.14参照）　200g
肉だね
　豚ひき肉　160g
　玉ねぎ（みじん切り）
　　大さじ4
　こしょう　少々
　漬け汁　大さじ4

豚薄切り肉　4枚
小麦粉　少々
A　**漬け汁**　1カップ
　水　2カップ
　レモンの輪切り　2枚

1　ボウルに肉だねの材料を合わせて手でよく混ぜる。4等分にして楕円形に丸め、キャベツの乳酸発酵漬けを1/4量ずつまわりにつける。
2　豚肉を広げて上面に小麦粉をふり、1をのせて巻く（写真）。
3　鍋にAを煮立て、2を入れてふたをして弱めの中火で12〜13分煮る。器に盛り、好みでディル（分量外）を刻んでのせる。

乳酸発酵漬け　野菜を漬ける　にんじん

野菜を漬ける **3**

にんじんの乳酸発酵漬け

にんじんに豊富なβ-カロテンは、油を使って料理すると吸収力がアップします。お弁当の彩りおかずにも役立ちます。

* **材料(作りやすい分量)**

にんじん　500g
水　3カップ
塩　大さじ1〜1½

* **漬け方**

にんじんは皮をむいて4〜5cm長さのせん切りにし、p.9を参照して、同様に漬ける。

にんじんサラダ

乳酸発酵漬けがあれば、
定番のキャロットラペがあっという間に作れます。

* **材料(2人分)**

にんじんの乳酸発酵漬け　120g
くるみ　20g
レーズン　20g
酢　大さじ1
オリーブ油　大さじ1

1　にんじんの乳酸発酵漬けは水気をよくきり、くるみは粗く割る。
2　1とレーズンを合わせ、酢、オリーブ油であえる。

にんじんの塩きんぴら
しょうゆを使わず、乳酸発酵のうまみを生かした味つけに。

❋ 材料(2人分)

にんじんの乳酸発酵漬け　100g
赤とうがらし(小口切り)　1本分
みりん　大さじ1/2
酒　大さじ1
いり白ごま　小さじ1/2
ごま油　大さじ1/2

1　フライパンにごま油を熱し、赤とうがらしとにんじんの乳酸発酵漬けを炒める。
2　にんじんに火が通ったら、みりん、酒を加えて炒め、仕上げに白ごまをふる。

にんじんのおいなりさん
乳酸発酵漬けのにんじんを具にして、さっぱりとした味わいに。

❋ 材料(2人分)

にんじんの乳酸発酵漬け　30g
油揚げ　4枚
A　水　1カップ
　　酒　大さじ1
　　砂糖　大さじ3
　　みりん　大さじ2
　　しょうゆ　大さじ1
ご飯(温かいもの)　400g
すし酢
　酢　大さじ1
　砂糖　大さじ1
　塩　小さじ1/4
いり白ごま　小さじ1

1　油揚げは熱湯をかけて油抜きし、水気をきる。半分に切り、袋状に開く。
2　鍋にAを合わせて煮立て、1を入れ、紙ぶたをし、さらにふたをして5分煮る。裏に返してさらに5分煮て、そのまま冷ます。
3　にんじんの乳酸発酵漬けはみじん切りにする。
4　すし酢の材料を混ぜ合わせ、温かいご飯に回し入れてしゃもじで切るように混ぜ、3と白ごまを均一に混ぜる。
5　2に、4を1/8量ずつ詰める。好みで白ごま(分量外)を飾る。

にんじんのかき揚げ
塩味のなじんだにんじんは、パリパリに揚がって失敗なし。

❋ 材料(2人分)

にんじんの乳酸発酵漬け　100g
小麦粉　1/2カップ
水　1/2カップ
揚げ油　適量

1　にんじんの乳酸発酵漬けをボウルに入れ、小麦粉と分量の水を加えて混ぜる。
2　170℃の揚げ油で、1を1/4量ずつまとめて揚げる。

乳酸発酵漬け　野菜を漬ける　きゅうり

野菜を漬ける 4

きゅうりの乳酸発酵漬け

漬かりやすいきゅうりは、太いまま漬けて応用する料理に合わせて切って用います。相性のいいディルをプラスするのもおすすめ。多く含まれるカリウムが体内の余分なナトリウムを排出してくれます。

＊材料(作りやすい分量)
きゅうり　500g
水　3カップ
塩　大さじ1〜1½

＊漬け方
きゅうりは7〜8cm長さに切り、p.9を参照して、同様に漬ける。

ポテトサラダ

乳酸発酵漬けのきゅうりはさいの目に切って、味のアクセントに。

＊材料(2人分)
きゅうりの乳酸発酵漬け　½本
じゃがいも　2個
玉ねぎ　30g
ウィンナーソーセージ　50g
酢　大さじ½
砂糖　小さじ½
マヨネーズ　大さじ3
塩　小さじ½
こしょう　少々

1 じゃがいもは皮つきのまま丸ごと水からゆでる。皮をむいてさいの目切りにし、酢、砂糖で下味をつける。

2 きゅうりの乳酸発酵漬けはさいの目切りにし、玉ねぎは粗みじん切りにする。ソーセージは熱湯でゆで、1cm幅の輪切りにする。

3 1と2をマヨネーズ、塩、こしょうであえる。

豚肉ときゅうりのスープ

乳酸発酵したきゅうりと漬け汁で、
さっぱりとした味わいのスープに。

* 材料（2人分）

きゅうりの乳酸発酵漬け　1/2本
豚切り落とし肉　100g
漬け汁　1/2カップ
水　1カップ
こしょう　少々

1　豚肉に漬け汁をもみ込む。
2　きゅうりの乳酸発酵漬けは、3mm厚さの斜め切りにする。
3　鍋に分量の水と2のきゅうりを入れて5～6分煮る。1の豚肉を漬け汁ごと加え、豚肉に火が通るまで煮て、こしょうを加える。

きゅうりといかの椒麻（ジャオマア）ソース

いかは漬け汁でさっとゆでて。
花椒特有の爽やかな辛味が効いた椒麻ソースがよく合います。

* 材料（2人分）

きゅうりの乳酸発酵漬け　1/2本
いか　小1ぱい
漬け汁　1カップ
長ねぎ　10cm
椒麻ソース
　花椒（たたいてつぶす）
　　小さじ1/4
しょうが（みじん切り）
　1/2かけ分
長ねぎの青い部分
　（みじん切り）　大さじ1/2
酢　大さじ1/2
しょうゆ　大さじ1/2
砂糖　少々
ごま油　大さじ1/2

1　いかは足とわたを抜いて軟骨をはずす。胴は輪切りにし、えんぺら、足は食べやすく切り、漬け汁でさっとゆでる。
2　きゅうりの乳酸発酵漬けは乱切りにし、長ねぎは斜め薄切りにする。
3　椒麻ソースを作る。花椒、しょうが、長ねぎを合わせて包丁でたたいてペースト状にする。酢、しょうゆ、砂糖、ごま油を混ぜ合わせる。
4　1、2を花椒ソースであえる。

乳酸発酵漬け　野菜を漬ける　トマト

野菜を漬ける **5**

トマトの乳酸発酵漬け

豊富なリコピンが美肌や老化抑制に役立ちます。うまみ成分が多いので煮込みやパスタソースなどに幅広く使えます。

発酵トマトとヨーグルト
インドのライタのように、ヨーグルトと合わせてサラダに。

＊ 材料(2人分)

トマトの乳酸発酵漬け　100g
プレーンヨーグルト　1カップ
オリーブ油　小さじ2
粗びき黒こしょう　少々

器にヨーグルトを入れ、トマトの乳酸発酵漬けをのせる。オリーブ油をかけ、粗びき黒こしょうをふる。

＊ 材料(作りやすい分量)

トマト　500g
水　3カップ
塩　大さじ1〜1 1/2

＊ 漬け方

トマトはくし形切りにし、p.9を参照して、同様に漬ける。

豚肉といんげん豆のトマト煮
うまみがアップした乳酸発酵漬けと漬け汁で、調味料いらず。

* 材料(2人分)

トマトの乳酸発酵漬け　100g
漬け汁　1カップ
豚バラ薄切り肉　100g
水　1½カップ
白いんげん豆(ゆでたもの)　½カップ
イタリアンパセリ　少々

1　豚肉は食べやすく切る。
2　鍋に分量の水と豚肉を入れて火にかけ、豚肉に火が通ったら、白いんげん豆とトマトの乳酸発酵漬け、漬け汁を加え、弱火で15分煮る。
3　器に盛り、イタリアンパセリを飾り、好みでオリーブ油少々(分量外)をかける。

乳酸発酵漬け　野菜を漬ける　白菜

野菜を漬ける **6**

白菜の乳酸発酵漬け

白菜のほかに、万能ねぎ、にんにく、しょうが、赤とうがらしをプラスして、風味よく仕上げます。水キムチのようにさっぱりとしたくせになる味わい。便秘や肌荒れの解消におすすめ。

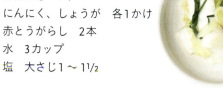

✻ 材料（作りやすい分量）

白菜　500g
万能ねぎ　3本
にんにく、しょうが　各1かけ
赤とうがらし　2本
水　3カップ
塩　大さじ1〜1½

✻ 漬け方

白菜は3〜4cm幅のざく切りにし、万能ねぎは5cm長さに切り、にんにく、しょうがは薄切りにする。p.9を参照して、同様に漬ける。

辣白菜（ラーパーツァイ）

水キムチが中華の漬け物に変身。
乳酸発酵漬けを使えば、すぐに食べられます。

✻ 材料（2人分）

白菜の乳酸発酵漬け　200g
甘酢
　｜ 酢　大さじ2
　｜ 砂糖　大さじ1½
　｜ 塩　少々
ごま油　大さじ1
花椒（たたいてつぶす）　小さじ½
赤とうがらし（小口切り）　½本分

1　甘酢の材料を混ぜ合わせる。
2　白菜の乳酸発酵漬けの水気を軽く絞って1に漬ける。
3　小鍋にごま油、花椒、赤とうがらしを合わせて熱し、2にかけて混ぜ合わせる。

白菜と帆立のクリーム煮

帆立の下味に漬け汁を利用。
帆立の代わりに、かにでも同様に作れます。

*材料(2人分)
白菜の乳酸発酵漬け 150g
帆立貝柱 4個
漬け汁 1/4カップ
しょうが(薄切り) 1かけ分
長ねぎ(斜め薄切り) 10cm
水 1カップ
牛乳 1/2カップ
かたくり粉 小さじ1(倍量の水で溶く)
植物油 大さじ2

1 帆立は厚みを半分に切り、漬け汁に浸して下味をつける。
2 フライパンに油大さじ1を熱し、しょうがと長ねぎを炒め、香りが出たら白菜の乳酸発酵漬けを加えて炒め、分量の水を加え、ふたをして5分煮る。
3 1の帆立を漬け汁ごと加えて一煮し、牛乳を加え、煮立つ直前で水溶きかたくり粉をよく混ぜて加えてとろみをつけ、仕上げに残りの油を回し入れる。

八宝菜

乳酸発酵漬けなら、
白菜をゆでたり、油通しする手間がかかりません。

*材料(2人分)
白菜の乳酸発酵漬け 100g
きくらげ(乾燥) 5g
えび 6尾
漬け汁 適量
長ねぎ(ぶつ切り) 10cm
しょうが(薄切り) 1かけ分
うずらの卵(ゆでたもの) 6個

A 水 1/2カップ
　 酒 大さじ1
　 こしょう 少々
かたくり粉 小さじ1
　(倍量の水で溶く)
植物油 大さじ1
ごま油 小さじ1/2

1 きくらげは水でもどし、水気をきって一口大に切り、漬け汁適量につける。えびは殻をむいて背わたを取り、漬け汁1/4カップにつける。
2 フライパンに油を熱し、長ねぎとしょうがを炒め、香りが出たら、白菜の乳酸発酵漬け、水気をきったきくらげ、えびを漬け汁ごと順に加えて炒め合わせる。油が全体に回ったら、Aを加え、うずらの卵も加えて2～3分煮る。
3 水溶きかたくり粉をよく混ぜて加えてとろみをつけ、仕上げにごま油を回し入れる。

乳酸発酵漬け　野菜を漬ける　白菜

豆腐とあさり、牛肉のチゲ

乳酸発酵漬け特有のうまみのある酸味が、コチュジャン味によくなじみます。

＊材料(2人分)

白菜の乳酸発酵漬け
　（p.24参照）　100g
牛切り落とし肉　100g
漬け汁　1/4カップ
あさり(砂抜き)　200g
豆腐　1/2丁(150g)
長ねぎ　10cm
にら　1/2束
生しいたけ　2枚

水　1 1/2カップ
A　コチュジャン　大さじ2
　　みそ　大さじ1/2
酒　大さじ2
ごま油　大さじ1

1　牛肉は漬け汁につける。あさりは殻をこすり合わせてよく洗う。豆腐は一口大に切り、長ねぎは斜め7〜8mm幅に切り、にらは5cm長さに切る。しいたけは飾り包丁を入れる。

2　鍋にごま油を熱して、白菜の乳酸発酵漬け（赤とうがらしを含む）と1の牛肉を漬け汁ごと加えて炒める。分量の水を加え、Aを酒で溶いて加える。煮立ったら、あさり、豆腐、長ねぎ、しいたけを加え、あさりの殻が開いたら、にらを加えて一煮する。

酸っぱい白菜鍋

中国や台湾で食べられている"酸菜白肉火鍋"を再現しました。絶品のたれをお楽しみに！

✱ 材料（2人分）

白菜の乳酸発酵漬け
　（p.24参照）　150g
豚肉（しゃぶしゃぶ用）
　　200g
春雨　50g
きくらげ　3g
長ねぎ　1/2本
A　漬け汁　1カップ
　　水　1カップ

たれ
　豆板辣醤（p.75参照）、
　　腐乳、砂糖　各大さじ1/2
　酢、酒、ごま油　各大さじ1
　芝麻醤（または練り白ごま）
　　大さじ2
　しょうゆ　1/4カップ
　にんにく（すりおろす）　1かけ分
　しょうが（すりおろす）　1かけ分

1　春雨は水につけてもどす。きくらげは水でもどし、水気をきって一口大に切り、漬け汁適量（分量外）につける。長ねぎは斜め7〜8mm幅に切る。
2　たれの材料を混ぜ合わせる。
3　鍋にAを入れて煮立て、白菜の乳酸発酵漬け（赤とうがらしを含む）、豚肉、1を入れ、火が通ったら、たれをつけて食べる。

乳酸発酵漬け 野菜を漬ける　きのこ

野菜を漬ける　7

きのこの乳酸発酵漬け

きのこは2種類以上漬けたほうが、味に深みがでます。きのこに含まれるβグルカンは免疫力をアップし、コレステロールを減らす働きがあります。

✳ 材料(作りやすい分量)

きのこ(生しいたけ、しめじ、まいたけ、
　マッシュルームを合わせて)　500g
水　3カップ
塩　大さじ1〜1½

✳ 漬け方

1　しいたけは石づきを取り、1cm幅に切る。しめじ、まいたけは小房に分ける。マッシュルームは半分に切る。
2　1を熱湯でさっとゆで、水気をきり、p.9を参照して、同様に漬ける。

きのこのオムレツ

きのこは油で炒める必要がないので、ヘルシーです。

✳ 材料(2人分)

きのこの乳酸発酵漬け　120g
赤ピーマン　1個
卵　3個
塩　小さじ¼
こしょう　少々
イタリアンパセリ(みじん切り)　大さじ1
オリーブ油　大さじ1½

1　きのこの乳酸発酵漬けは水気をきり、赤ピーマンはさいの目切りにし、混ぜ合わせる。
2　卵はとき、塩、こしょうを混ぜる。
3　フライパンにオリーブ油を熱し、2の卵を流し入れ、大きく混ぜて広げる。半熟状になったら、1を上にのせ、ふたをして弱火で蒸し焼きにする。仕上げにイタリアンパセリをふり、オリーブ油少々(分量外)を、回しかける。

きのこ汁

きのこのエキスが出た漬け汁も使えば、
調味料は最小限ですみます。

*材料(2人分)

きのこの乳酸発酵漬け　70g
A　漬け汁　1/4カップ
　　水　1カップ
豆腐　1/2丁
酒　大さじ1
しょうゆ　少々
青ゆずの皮　少々

1　豆腐は1.5cm角に切る。
2　鍋にAを入れて沸かし、きのこの乳酸発酵漬けと豆腐を入れる。再び煮立ったら酒、しょうゆを加える。器に盛り、ゆずの皮を添える。

きのこの炊き込みご飯

だしは使わず、漬け汁で炊き上げます。
きのこのうまみがしみたご飯が美味。

*材料(作りやすい分量)

米　2カップ
きのこの乳酸発酵漬け　100g
A　漬け汁　1カップ
　　水　1カップ
　　酒、みりん　各大さじ1
万能ねぎ(小口切り)　適量

1　米は洗い、ざるに上げて水気をきる。
2　1の米にAを加えて混ぜ、きのこの乳酸発酵漬けをのせて普通に炊く。
3　炊き上がったら、全体を混ぜ合わせて、蒸らす。器に盛り、万能ねぎを散らす。

乳酸発酵漬け　野菜を漬ける　大根

8 大根の乳酸発酵漬け

野菜を漬ける

胃腸の調子を整えるなど薬膳効果も高い大根。ほかの料理に応用しやすいように、太めの拍子木切りにして漬けます。

＊材料（作りやすい分量）
大根　500g
水　3カップ
塩　大さじ1〜1½

＊漬け方
大根は4〜5cm長さ、幅1.5cmの拍子木切りにし、p.9を参照して、同様に漬ける。

大根のカクテキ

干しえびやナンプラーを混ぜたたれであえればでき上がり！

＊材料（2人分）

大根の乳酸発酵漬け　150g
A　干しえび（みじん切り）　大さじ1
　　にら（1cm長さのざく切り）　大さじ2
　　にんにく（すりおろす）　½かけ分
　　しょうが（すりおろす）　½かけ分
　　ナンプラー　大さじ1
　　粗びき粉とうがらし　大さじ2
　　はちみつ　小さじ1

1　Aを混ぜ合わせる。
2　大根の乳酸発酵漬けは1.5cm角に切り、1に入れてあえる。

大根のごま揚げ

衣に水は使わず、乳酸発酵漬けの水気をつけたまま、
粉をまぶします。

* 材料（2人分）

大根の乳酸発酵漬け 150g
A かたくり粉、小麦粉　各大さじ1
　 いり黒ごま　大さじ½
揚げ油　適量
レモン　適量

1　ボウルにAを混ぜ合わせる。
2　水気のついた大根の乳酸発酵漬けを1に入れて衣をからめる。
3　揚げ油を170℃に熱し、2をきつね色に揚げる。レモンを添えて器に盛る。

船場汁

さばは塩をふる代わりに、
乳酸発酵漬けの漬け汁につけて身をしめます。

* 材料（2人分）

大根の乳酸発酵漬け 100g
さば（切り身）　1切れ
漬け汁 ¼カップ
しょうが（せん切り）　1かけ分
水　1½カップ
酒　大さじ1

1　さばは7〜8mm厚さのそぎ切りにし、漬け汁につける。
2　大根の乳酸発酵漬けは縦に2〜3mm厚さに切る。
3　鍋に分量の水、酒、大根の乳酸発酵漬けを入れて15分煮る。
4　1のさばを漬け汁ごと加え、あくを除き、さばに火が通るまで煮る。器に盛り、しょうがをのせる。

大根とぶりのカレー

大根とぶりは相性のいい組み合わせ。漬け汁でぶりの下味をつけます。

✱ 材料(2人分)

大根の乳酸発酵漬け
　(p.30参照) 100g
ぶり(切り身) 2切れ
漬け汁 1/4カップ
玉ねぎ 1/2個
トマト 1個
赤とうがらし 1本
ローリエ 1枚

にんにく(みじん切り) 1かけ分
しょうが(みじん切り) 1かけ分
A　水　1 1/2カップ
　　カレー粉　大さじ1 1/2
カレー粉　大さじ1/2
植物油　大さじ3

1　ぶりは4等分に切り、漬け汁につける(写真)。玉ねぎは薄切り、トマトはざく切りにする。
2　フライパンに油、赤とうがらし、ローリエを熱し、玉ねぎを炒める。しんなりしたら、にんにく、しょうが、トマトを加えて炒め、ぶり(漬け汁ごと)、大根の乳酸発酵漬け、Aを加えて20分煮る。
3　最後にカレー粉を加えて一煮する。

大根とスペアリブの蒸しスープ
素材の持ち味を引き出したシンプルなスープ。さっぱりしているのに味に深みがあります。

＊材料(2人分)

大根の乳酸発酵漬け(p.30参照) 100g
豚スペアリブ 200g
水 2カップ
漬け汁 1/2カップ
香菜 適量

1 鍋に分量の水、スペアリブ、大根の乳酸発酵漬けを入れ、ふたをして30分蒸し煮にする。
2 漬け汁を加え、ふたをしてさらに10分蒸し煮にする。器に盛り、ざく切りにした香菜を添える。

乳酸発酵漬け　野菜を漬ける　かぶ

野菜を漬ける

9 かぶの乳酸発酵漬け

漬かりやすいかぶは、小さいものは大きく切ってもいいでしょう。ビタミンやカルシウム、鉄分を含む葉も一緒に漬けます。

* **材料(作りやすい分量)**
かぶ　500g
水　3カップ
塩　大さじ1〜1½
* **漬け方**
かぶは8等分のくし形切りにし、葉は4〜5cm長さに切る。p.9を参照して、同様に漬ける。

かぶと柿のあえ物

柿は半量をすりおろして、あえ衣のように用います。

* **材料(2人分)**
かぶの乳酸発酵漬け　100g
柿　1個
酢　大さじ1
砂糖　小さじ1

1　柿は皮をむき、半量はくし形切りにし、残りはすりおろす。
2　すりおろした柿、酢、砂糖を混ぜ合わせ、かぶの乳酸発酵漬けとくし形切りの柿をあえる。

かぶとかきのグラタン

ヨーグルトベースのソースでさっぱりと仕上げた
トルコ風のグラタンです。

*材料(2人分)

かぶの乳酸発酵漬け 100g
生がき 6個
漬け汁 1/4カップ
A 卵 1個
　 プレーンヨーグルト 1カップ
　 小麦粉 大さじ3
　 漬け汁 大さじ3
バター 適量

1　かきはよく洗い、漬け汁につける。かぶの乳酸発酵漬けは厚みを半分に切る。
2　Aを混ぜ合わせる。
3　耐熱皿にバターをぬり、1のかぶと水気をきったかきを並べ、2をかける。
4　220℃に予熱したオーブンで15分焼く。

かぶと鶏だんごのスープ煮

ひき肉の下味は漬け汁を利用。
乳酸発酵漬けのかぶは煮くずれにくいのも特徴です。

*材料(2人分)

かぶの乳酸発酵漬け 100g
水 1 1/2カップ
鶏ひき肉 150g
漬け汁 大さじ3
こしょう 少々
A **漬け汁** 1/4カップ
　 酒 大さじ1
七味とうがらし 少々

1　鍋に分量の水を入れ、かぶの乳酸発酵漬けを入れて2～3分煮る。
2　鶏ひき肉に漬け汁とこしょうを加えて混ぜ、一口大に丸めて1に入れる。
3　肉だんごが煮えたら、Aを加えて5～6分煮る。器に盛り、七味とうがらしをふる。

乳酸発酵漬け　野菜を漬ける　カリフラワー

野菜を漬ける **10**

カリフラワーの乳酸発酵漬け

ビタミンCを豊富に含み
老廃物を排出する作用のあるカリフラワー。
乳酸発酵漬けのこりこりした歯ごたえも
味わい深い。
ローリエや黒粒こしょうをプラスしても。

＊材料（作りやすい分量）

カリフラワー　500g
水　3カップ
塩　大さじ1〜1½

＊漬け方

カリフラワーは小房に分け、茎はかたい皮を除いて角切りにする。p.9を参照して、同様に漬ける。

カリフラワーとあんずのマリネ

酸味のあるカリフワラーと
甘みのあるあんずのバランスが絶妙。

＊材料（2人分）

カリフラワーの乳酸発酵漬け　100g
干しあんず　20g
A　酢　大さじ½
　　黒粒こしょう　小さじ1
　　オリーブ油　大さじ1

1　干しあんずは熱湯で洗い、水気をふいて4等分に切る。

2　小鍋にAを入れて煮立て、カリフラワーの乳酸発酵漬けと1を入れ、火を止めてそのままマリネし、味をなじませる。

カリフラワーのサブジ

作り方は簡単ですが、
カリフラワーの持ち味を堪能できる一皿です。

＊材料（2人分）

カリフラワーの乳酸発酵漬け　100g
玉ねぎ　1/2個
トマト　1個
にんにく（みじん切り）　1/2かけ分
しょうが（みじん切り）　1/2かけ分
カレー粉　大さじ1
漬け汁　大さじ3
植物油　大さじ3

1　玉ねぎは粗みじん切りにし、トマトはざく切りにする。
2　鍋にすべての材料を入れて混ぜ合わせ、ふたをして12～13分蒸し煮にする。

カリフラワーのベニエ

泡立てた卵白とくるみを加えた衣をつけて、
ふっくらと揚げました。

＊材料（2人分）

カリフラワーの乳酸発酵漬け　100g
卵　1個
A　薄力粉　大さじ3
　　漬け汁　大さじ1
　　くるみ（粗みじん切り）　10g
揚げ油　適量

1　卵は卵黄と卵白に分ける。
2　卵黄をとき、Aを加えて混ぜる。
3　卵白を泡立て、2に加えてふんわり混ぜて衣を作り、カリフラワーの乳酸発酵漬けを入れて、衣をつける。
4　揚げ油を160℃に熱し、3を入れてきつね色に揚げる。

COLUMN1 ぬか漬け

COLUMN 1

植物性乳酸菌がたっぷり!
ぬか漬け

発酵漬けの代表が日本伝統のぬか漬けです。ぬかと塩水を混ぜたぬか床に野菜を漬けると、発酵の過程で、酵素やビタミンなどが合成されるので、野菜をそのまま食べるより栄養価が高まります。さらに植物性乳酸菌をたっぷり含むので、腸内環境も整えてくれます。発酵が促される夏がいちばんおいしく漬かりますが、私は冷蔵庫に保存して、一年を通して楽しんでいます。

＊材料(作りやすい分量)

ぬか床
　生ぬか　500g
　水　2½カップ
　塩　50g
　昆布　5×10cm(約3g)
　しょうが　1かけ
　赤とうがらし(種を除く)　1本
　にんにく　1かけ
　大豆(またはいり大豆)　20g

捨て漬け用の野菜
　(キャベツの芯、大根、かぶの葉や皮、
　にんじんのへたなど)　約100g
好みの野菜(きゅうり、にんじん、なす、
　大根、かぶなど)　適量
塩　適量

1
ぬか床を作る。
分量の水に塩を加え、よく混ぜて溶かす。

2
ボウルに生ぬか、昆布、しょうが、赤とうがらし、にんにく、大豆を入れ、1を注ぐ。

5
本漬けをする。
ぬか床を清潔な保存容器に移す。なす、きゅうりは1本丸ごと用いる。にんじん、大根は皮をむき、縦半分に切る。かぶは茎を少しつけて葉を落とし、皮をむいて縦半分に切る。手に塩少々をとり、それぞれの野菜によくまぶして、ぬか床に漬ける。

3
手でまんべんなく混ぜる。

6
表面を平らにならし、容器についたぬかは、かびの原因になるのでペーパータオルでふき取る。きゅうりは半日、にんじん、なす、かぶ、大根は一晩で漬かる。古漬けの場合は2〜3日おく。野菜が漬かったら、ぬかを洗って水気をきり、食べやすく切って、器に盛る。

ぬか床の管理
野菜から出た水分でぬか床がやわらかくなったら、水分をペーパータオルに吸わせる。ぬか床が減ってきたら、生ぬかと塩(生ぬか1カップに対して塩小さじ2の割合)を足して、ぬか床のかたさを調節する。

4
捨て漬けをする。
ぬか床に捨て漬け用の野菜を漬ける。1日1回かき混ぜて、室温に2〜3日おき、取り出す。

COLUMN 1-2 ぬか漬け・パン床漬け

古漬けの利用法

乳酸発酵の進んだ古漬けは、うまみの宝庫。
私は酸っぱくなった古漬けが好きなので、あえて古漬けにして、
炒め物やお茶漬けに利用しています。

古漬けの氷水茶漬け

祖母が夏によく作ってくれた思い出深いお茶漬け。
食欲がないときでもさらさらと食べられます。

* 材料(1人分)

古漬け(なす、きゅうり、かぶの葉) 30g
ご飯(冷めたもの) 130g
氷、水(または冷茶) 各適量
しょうが(すりおろす) 少々
いり白ごま 少々

1 古漬けのなすときゅうりは薄切りにし、かぶの葉はみじん切りにする。
2 茶碗にご飯をよそい、1をのせ、氷を入れて冷水を注ぐ。すりおろしたしょうがを添えて白ごまをふる。

古漬けのあえ麺

中国でよく食べられているあえ麺です。
古漬けの酸味が、味のアクセントに。

* 材料(2人分)

かぶの葉の古漬け 100g
豚ひき肉 50g
A 酢、しょうゆ 各小さじ1
　砂糖 少々
中華生麺 260g
粗びき赤とうがらし 小さじ1/2
植物油 少々
ごま油 大さじ1

1 かぶの葉の古漬けは粗みじん切りにする。
2 フライパンに油を熱し、豚ひき肉を炒め、1を加えて炒め、Aで調味する。
3 中華生麺をゆで、湯をきって器に盛る。2をのせて、粗びき赤とうがらしをふる。ごま油を熱して回しかけ、よくあえる。好みで黒酢や豆板辣醬(p.75参照)をつけて食べる。

COLUMN 2 パン床漬け
ぬか漬けよりさらに手軽

かたくなったパンを利用したハンガリーの伝統食です。ヨーグルトやハーブを混ぜたパン床に野菜を漬けると、まるでぬか漬けのような味わいに！ 野菜はぬか漬けと同様に好みのものでかまいませんが、カリフラワーやセロリ、パプリカなど、洋野菜も向いています。

＊ 材料（作りやすい分量）

パン床
　バゲットまたは食パン
　　（余ったものや
　　かたくなったもの）300g
　水　2カップ
　塩　大さじ2
　A　プレーンヨーグルト
　　　大さじ2
　　にんにく　1/2かけ
　　ローリエ　1枚
　　赤とうがらし　1本
　　ディル(生)　1〜2枝
　　キャラウェーシード　小さじ1
好みの野菜(カリフラワー、セロリ、ピーマン、パプリカなど)　適量
塩　適量

1
パン床を作る。
分量の水に塩を加え、よく混ぜて塩を溶かす。

2
パンは適当な大きさにちぎってボウルに入れ、Aを加え、1を注ぐ。

3
手でつぶすように細かくし、練り混ぜる。

4
清潔な保存容器に入れる。野菜は食べやすい大きさに切り、塩少々をまぶして漬ける。翌日から食べられる。ぬか漬けのように洗い流さなくても、パン床ごと食べられる。
＊パン床は、毎日1回全体をかき混ぜる。水分が多くなったら、パンを足してかたさを調節する。

乳酸発酵漬け　乾物を漬ける　切干し大根

乾物を漬ける

乾物を漬ける 1
切干し大根の乳酸発酵漬け

生の大根よりも栄養価が高く、食物繊維も豊富な切干し大根。赤とうがらしやしょうがをプラスして漬けても。

＊材料（作りやすい分量）

切干し大根　50g
水　1カップ
塩　小さじ1

＊漬け方

1　水に塩を加え、よく混ぜて塩を溶かす。
2　熱湯消毒した保存瓶（容量500㎖）に切干し大根を入れ、1を注ぐ。ふたをのせて1〜2日間室温におき、その後、ふたを閉めて冷蔵庫へ。約2週間保存可能。

切干し大根のごま酢あえ

火を使わずに、あっという間にできる酢の物。
シャキシャキの歯ごたえもごちそうです。

＊材料（2人分）

切干し大根の乳酸発酵漬け　100g
A　すり白ごま　大さじ1
　　酢　大さじ1
　　砂糖　大さじ1/2

1　切干し大根の乳酸発酵漬けは軽く水気をきり、食べやすい長さに切る。
2　Aを混ぜ合わせ、1を加えてあえる。

大根餅

切干し大根の漬け汁を利用してうまみをアップ。
白玉粉を加えてもちもちの食感に仕上げます。

＊材料（作りやすい分量）

A 切干し大根の乳酸発酵漬け
　　100g
　干しえび（さっと洗う）　10g
　腸詰（またはサラミ）　10g
B 上新粉　150g
　かたくり粉　20g
　白玉粉　10g
C 漬け汁　1/2カップ
　水　1/2カップ
ごま油　適量
黒酢　適量
豆板辣醤（p.75参照）
　適量

1　Aは粗く刻む。
2　ボウルにBを入れて泡立て器でよく混ぜ、Cを少しずつ加えてよく混ぜ、1を加えて混ぜ合わせる。
3　流し缶（12×13×高さ4cm）にごま油少々をぬり、2を流し入れる。蒸気の上がった蒸し器に入れ、中火で30分蒸す。完全に冷めたら（この状態で冷蔵庫で1週間保存が可能）、型から取り出し、6等分に切る。
4　フライパンにごま油大さじ1を熱し、3の両面を中火でこんがりと焼く。黒酢と豆板辣醤を添える。

切干し大根餃子

中国では野菜の少ない冬場に作る定番の餃子。
食感がよく、飽きないおいしさです。

＊材料（20個分）

具
　切干し大根の乳酸発酵漬け
　　70g
　豚ひき肉　200g
　長ねぎ（みじん切り）
　　大さじ2
　漬け汁　大さじ3
　酒　大さじ1
　しょうゆ　小さじ1
　砂糖、こしょう
　　各少々
　ごま油　大さじ1/2
餃子の皮　20枚
ごま油　適量

1　切干し大根の乳酸発酵漬けは粗みじん切りにする。ボウルに具の材料をすべて入れ、よく混ぜ合わせる。
2　餃子の皮に1の具を等分にのせ、ひだを寄せて半月形に包む。
3　フライパンにごま油大さじ1/2を熱して、2を並べる。焼き色がついたら、熱湯1/2カップを加え、ふたをして蒸し焼きにする。湯が少なくなったらふたを取り、仕上げにごま油小さじ2を回し入れ、こんがり焼き色がつくまで焼く。

乳酸発酵漬け　乾物を漬ける　干ししいたけ

2 干ししいたけの乳酸発酵漬け
乾物を漬ける

薄切りの干ししいたけを使えば、漬かりやすく、切る手間もいりません。しいたけのうまみの出た漬け汁は、汁物やスープに重宝します。

* **材料（作りやすい分量）**
干ししいたけ
　（薄切り）　30g
水　1カップ
塩　小さじ1

* **漬け方**
干ししいたけは、切干し大根の発酵漬け（p.42参照）と同様に漬ける。

しいたけと三つ葉のかき玉汁

味つけに使うのは、酒とみりんのみ。
とろみをつけて、のどごしよく仕上げます。

* **材料（2人分）**

A｜干ししいたけの乳酸発酵漬け　30g
　｜漬け汁　½カップ
　｜水　1カップ
酒　大さじ1
みりん　小さじ½
かたくり粉　小さじ1（同量の水で溶く）
卵　1個
三つ葉　3本

1　鍋にAを入れて煮立て、酒、みりんを加えて調味する。
2　水溶きかたくり粉を加えてとろみをつけ、卵をといて流し入れる。
3　3cm長さに切った三つ葉を加え、火を止める。

しいたけの簡単リゾット

干ししいたけの濃厚な風味を生かした一皿。
仕上げにチーズをのせ、黒こしょうを効かせます。

*材料(2人分)

干ししいたけの乳酸発酵漬け　70g
玉ねぎ(みじん切り)　1/6個分
にんにく(粗みじん切り)　1かけ分
オリーブ油　大さじ1
バター　大さじ1
A　ご飯　150g
　　漬け汁　1/4カップ
パルミジャーノチーズ(薄く削る)　適量
粗びき黒こしょう　少々

1　フライパンにオリーブ油とバターを熱し、にんにくと玉ねぎをしんなりするまで弱火で炒める。干ししいたけの乳酸発酵漬けを加えて炒め、水1 1/2カップを加え、中火でしいたけがやわらかくなるまで煮る。
2　Aを加え、2〜3分煮る。
3　器に盛り、パルミジャーノチーズをのせ、粗びき黒こしょうをふる。

しいたけ焼きそば

具も味つけもシンプルにすることで、
干ししいたけの持ち味が生きるおいしさに。

*材料(2人分)

中華生麺　2玉
A　干ししいたけの乳酸発酵漬け　70g
　　長ねぎ(5mm幅の斜め切り)　1本分
　　干しえび(刻む)　大さじ2
B　漬け汁　大さじ3
　　しょうゆ、こしょう　各少々
ごま油　適量

1　たっぷりの湯で中華生麺をゆで、ざるにとって水で洗い、水気をきり、ごま油大さじ1/2をまぶす。
2　フライパンにごま油大さじ2を熱し、1を入れて両面を焼きつけ、取り出す。
3　2のフライパンにごま油小さじ1/2を足し、Aを加えて炒める。火が通ったら、2の麺を戻し入れ、Bを加えて調味し、炒め合わせる。

果実を漬ける

1 レモンの乳酸発酵漬け

ビタミンCがたっぷり。皮ごと漬けるので、国産の無農薬のものを。主に煮込み料理に入れて、肉や魚の臭み消しに用います。

＊材料（作りやすい分量）

レモン（国産）　100g（2個分）
水　1カップ
塩　小さじ1

＊漬け方

1　水に塩を加え、よく混ぜて塩を溶かす。

2　レモンは皮ごと5mm厚さの輪切りにし、種を除く。熱湯消毒した保存瓶（容量500㎖）に入れ、1を注ぐ。ふたをのせて1〜2日間室温におき、その後、ふたを閉めて冷蔵庫へ。約2週間保存可能。

羊のクスクス

たっぷりの野菜とラム肉を煮込んだモロッコ料理。
レモンの乳酸発酵漬けが、ラム肉のくせをやわらげます。

＊材料（2人分）

ラムチョップ　4本
漬け汁　大さじ2
A　ひよこ豆（ゆでたもの）　50g
　　かぼちゃ（くし形に切る）　1/8個分
　　トマト　1個
　　玉ねぎ（半分に切る）　1/2個分
　　なす（へたを取る）　4本
　　レモンの乳酸発酵漬け　2枚
　　サフラン（あれば）　少々
　　水　1/2カップ
塩　小さじ1/2〜1
粗びき黒こしょう　少々
オリーブ油　大さじ2
B　クスクス　1/2カップ
　　水　1/2カップ
　　塩　ひとつまみ
　　バター　大さじ1/2
シナモンパウダー　少々

コリアンダー　適量

1　ラムチョップは、漬け汁をまぶしてしばらくおく。

2　鍋にオリーブ油を入れて、1とAを入れ、ふたをして弱火にかける。15分煮たら、塩を加え、さらに15分煮る。

3　クスクスを作る。耐熱ボウルにBを入れて混ぜ、ラップをして電子レンジ（500W）で約3分加熱する。取り出して混ぜ、シナモンパウダーを加える。

4　2に粗びき黒こしょうを加え、味をみて、塩（分量外）で味を調える。3を添えて器に盛り、コリアンダーを添える。

果実を漬ける 2

りんごの乳酸発酵漬け

秋のりんごが出回る時季に漬けて楽しみたい。豚肉や鶏肉の煮込み料理に使うと、味に深みが出ます。

* **材料(作りやすい分量)**
りんご(芯を除く)　100g(小1個分)
水　1カップ
塩　小さじ1

* **漬け方**
りんごは皮ごと12等分のくし形切りにし、レモンの乳酸発酵漬け(p.46参照)と同様に漬ける。

鶏肉とりんごのフリカッセ

白いソースで煮込んだ、フランスの家庭料理。
りんごの乳酸発酵漬けの自然の甘みと酸味が味わい深い。

* **材料(2人分)**

鶏もも肉　1枚(300g)
塩、こしょう　各少々
玉ねぎ(薄切り)　1/4個分
ブール・マニエ
　バター(室温に戻す)　大さじ1
　小麦粉　大さじ1
りんごの乳酸発酵漬け
　6切れ(1/2個分)
生クリーム　1/2カップ

1 鶏もも肉は半分に切り、塩、こしょうをふる(p.50の鶏肉の乳酸発酵漬けを使ってもよい。その場合は、塩、こしょうをせずに、水気をふく)。

2 鍋に1カップの湯を沸かし、玉ねぎ、1を入れ、ふたをして中火で煮る。

3 ブール・マニエを作る。やわらかく練ったバターに小麦粉を加えて練り混ぜる。

4 2にりんごの乳酸発酵漬けを加え、鶏肉に火が通ったら、生クリームを加え、すぐに3を加えて混ぜ合わせ、2～3分煮て、火を止める。

乳酸発酵漬け｜果実を漬ける｜パイナップル・ぶどう

果実を漬ける

3 パイナップルの乳酸発酵漬け

熱処理されていない生のパイナップルを使用。たんぱく質分解酵素が、肉などの消化を助けてくれます。

* **材料(作りやすい分量)**
パイナップル
　（皮をむいて芯を除いたもの）100g
水　1カップ
塩　小さじ1

* **漬け方**
パイナップルは一口大の角切りにし、レモンの乳酸発酵漬け(p.46参照)と同様に漬ける。

かじきのエスニック炒め

マレーシア風の甘酸っぱい炒め物。漬け汁を魚の下味に使います。

* **材料(2人分)**
かじき　2切れ
漬け汁　大さじ2
かたくり粉　小さじ1
A　にんにく(みじん切り)　1かけ分
　しょうが(みじん切り)　1かけ分
　赤とうがらし(みじん切り)　1本分
玉ねぎ(2cmの角切り)　1/4個分
パプリカ(2cmの角切り)　1/4個分
パイナップルの乳酸発酵漬け　100g
B　トマトケチャップ　大さじ2
　漬け汁　1/4カップ
　砂糖、しょうゆ　各小さじ1/2
植物油　大さじ2

1　かじきは一口大に切り、漬け汁をまぶして10分おく(写真)。
2　フライパンに油を熱し、1にかたくり粉をまぶして焼き、取り出す。
3　フライパンにAを入れて炒め、香りが出たら、玉ねぎ、パプリカを加えて炒め、しんなりしたらパイナップルの乳酸発酵漬けを加えて炒める。2を戻し入れ、Bを加えて炒め合わせる。

4 ぶどうの乳酸発酵漬け

果実を漬ける

粒の大きい巨峰、ピオーネなどがむいています。ポリフェノールが多い皮ごと漬けて、料理にも皮ごと用います。

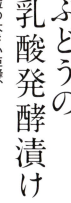

* **材料（作りやすい分量）**
ぶどう（巨峰など）　100g
水　1カップ
塩　小さじ1

* **漬け方**
ぶどうは1粒ずつほぐし、皮をつけたまま、レモンの乳酸発酵漬け（p.46参照）と同様に漬ける。

ペルシャ風ピラフとミートボールの煮込み

現地では、コレシュと呼ばれる煮込み料理。ピラフにかけて食べるのが定番です。

* **材料（2人分）**

ピラフ
　バスマティライス　1カップ
　水　2カップ
　塩　小さじ1
　サフラン　少々
A　牛ひき肉　150g
　玉ねぎ（みじん切り）　1/4個分
　イタリアンパセリ（みじん切り）
　　1枝分
　漬け汁　大さじ2
　こしょう　少々
B　にんじん（乱切り）　1/2本
　カリフラワー（小房に分ける）　1/6株
　セロリ（乱切り）　1/2本
　ぶどうの乳酸発酵漬け　8粒
　水　1カップ
　漬け汁　1/3カップ
　くるみ（粗く刻む）　30g
　フェヌグリーク　小さじ1/4
　塩、チリパウダー　各少々
イタリアンパセリ（みじん切り）　少々

1 ピラフを作る。鍋に分量の水と塩を入れて混ぜ、バスマティライスを入れて30分浸す。火にかけて10分ゆで、湯を捨てる。サフランを湯少々で溶いて色を出し、バスマティライスに混ぜる。ふたをして弱火で5分炊き、そのまま蒸らす。

2 ボウルにAを入れ、手でよく混ぜ合わせ、12等分して丸める。

3 別の鍋にBと2を入れ、ふたをして火にかけ、煮立ってから10分煮る。

4 1と3を器に盛り合わせ、イタリアンパセリをふる。

乳酸発酵漬け　肉、魚を漬ける　鶏肉

肉、魚を漬ける

肉、魚を漬ける

1 鶏肉の乳酸発酵漬け

塩水につけることでまんべんなく味が浸透し、保水力が高まるので、加熱してもかたくなりません。数日おくことでうまみもアップ。漬け汁も無駄なく利用して。

> * 材料(作りやすい分量)
>
> 鶏もも肉(または手羽元、胸肉など)　500g(2枚)
> 水　3カップ
> 塩　大さじ1〜1½
>
> * 漬け方
> 1　分量の水に塩を加え、よく混ぜて塩を溶かす。
> 2　保存容器(容量1.5ℓ)に鶏肉を入れ、1を注ぐ。ふたをして冷蔵庫で2〜3日漬ける。
> ・冷蔵庫で3〜4日保存が可能。

ポトフー

肉の乳酸発酵漬けの効果を最も発揮する料理がこれ！
調味料を使わずに、煮るだけで体にしみるおいしさに。

* 材料(2人分)

鶏肉の乳酸発酵漬け　1枚分
A 漬け汁　1カップ
　 水　1カップ
トマト　1個
じゃがいも(皮をむく)　小2個
セロリ(5cm長さに切る)　½本
キャベツ(縦半分に切る)　¼個分
玉ねぎ(縦半分に切る)　½個分
ローリエ　1枚
粒マスタード　適量

1　鶏肉の乳酸発酵漬けは4等分に切る。
2　鍋にAを入れて沸かし、あくを取る。1と野菜、ローリエを入れ、ふたをして弱火で30分蒸し煮にする。器に盛り、粒マスタードを添える。

鶏ハム

ラップに包んで蒸すだけで、無添加の鶏ハムが作れます。
ゼリー状に固まった鶏肉の蒸し汁も、一緒に召し上がれ。

＊材料（作りやすい分量）
鶏肉の乳酸発酵漬け 1枚分
ピンクペッパー　小さじ1
ドライオレガノ　少々

1　鶏肉の乳酸発酵漬けは水気をふき、ラップを敷いて、皮を下にして置き、厚いところは平らに切り開く。ピンクペッパー、ドライオレガノを全体にふり、手前からくるくる巻く。ラップで包み、両端をきっちり結んでとめる。
2　1をバットにのせ、蒸気が上がった蒸し器で30分蒸す。
3　粗熱が取れたら、バットごと冷蔵庫で30分冷やす（写真）。好みの厚さに切り、バットに固まった蒸し汁ごと器に盛る。

ガパオライス

甘辛味の鶏肉とバジルの香りが人気のタイ料理。
半熟の目玉焼きをのせて、黄身を混ぜながらいただきます。

＊材料（2人分）
鶏肉の乳酸発酵漬け 1/2枚分
赤ピーマン（細切り）　1/2個分
紫玉ねぎ（薄切り）　1/4個分
A｜酒　大さじ1
　｜砂糖　大さじ1/2
　｜しょうゆ　大さじ1/2
　｜ナンプラー　大さじ1/2
バジルの葉　3枝分
卵　2個
ご飯　400g
植物油　大さじ2

1　鶏肉の乳酸発酵漬けは、さいの目切りにする。
2　フライパンに油大さじ1を熱し、1を炒め、白っぽくなったら、赤ピーマン、紫玉ねぎを加えて炒め、Aを加えて調味し、バジルの葉を加えて炒め合わせる。
3　フライパンに油大さじ1を熱して、半熟の目玉焼きを2つ焼く。
4　器にご飯を盛り、2と目玉焼きをのせる。あれば、スイートチリソースをかけても。

乳酸発酵漬け｜肉、魚を漬ける　豚肉

2 豚肉の乳酸発酵漬け

肉、魚を漬ける

鶏肉同様、幅広い応用料理が楽しめるので、常備しておきたい1品。漬け汁は、一度煮立ててあくを除くと、澄んだおいしいブイヨンになります。

＊材料（作りやすい分量）

豚肩ロース塊肉　400g
水　3カップ
塩　大さじ1〜1½

＊漬け方

1　分量の水に塩を加え、よく混ぜて塩を溶かす。
2　保存容器（容量1.5ℓ）に豚肉を入れ、1を注ぐ。ふたをして冷蔵庫で2〜3日漬ける。
・冷蔵庫で3〜4日保存が可能。

ポッサム

ゆで豚をキムチや葉野菜に包んで食べる韓国の定番料理。漬けた豚肉を、漬け汁で煮ることでうまみを逃しません。

＊材料（2人分）

豚肉の乳酸発酵漬け　200g
漬け汁　2カップ
A｜えごまの葉、サニーレタス　各適量
　｜にんにく（薄切り）　1かけ分
　｜赤とうがらし　適量
　｜白菜キムチ（市販）　適量
　｜白髪ねぎ　適量

1　鍋に漬け汁を入れて煮立て、あくを除く（写真）。
2　1に豚肉の乳酸発酵漬けを入れ、ふたをして7〜8分蒸し煮にする。火を止めてそのまま余熱で火を通す。粗熱が取れたら、薄切りにする。
3　器に2とAを盛り合わせ、豚肉やキムチを、えごまの葉やサニーレタスに包んで食べる。

カツレツ

口に入れたときの、豚肉の塩加減とやわらかさが絶妙。
ソースをかけずに、レモンをしぼってどうぞ！

✳︎ 材料(2人分)

豚肉の乳酸発酵漬け　200g
こしょう　少々
小麦粉、とき卵、パン粉　各適量
揚げ油　適量
キャベツ(せん切り)　適量
レモン(くし形切り)　2切れ

1　豚肉の乳酸発酵漬けは厚みを半分に切り、こしょうをふる。小麦粉、とき卵、パン粉の順に衣をつける。
2　油を中温(170℃)に熱し、1を両面からりと揚げる。
3　油をきって器に盛り、キャベツとレモンを添える。

自家製ショルダーベーコン

乳酸発酵漬けの豚肉を、ドライハーブを使ってくん製にしました。
無添加だから家族に安心して食べさせられます。

✳︎ 材料(作りやすい分量)

豚肉の乳酸発酵漬け　300g
ドライハーブ(ローリエ、タイム、オレガノなど)　大さじ1
砂糖　大さじ1

1　鍋にアルミ箔を敷き、ドライハーブと砂糖を広げた上に高さ5cmほどの網を置く。
2　豚肉の乳酸発酵漬けの水気をふいて1の網にのせ(写真)、ふたをする。強火にかけ、煙が出てきたら弱火にし、40～50分いぶす。火を止めて、そのまま冷まず。

乳酸発酵漬け　肉、魚を漬ける　鮭

肉、魚を漬ける

3
鮭の乳酸発酵漬け

いわば自家製の塩鮭です。
ただ焼くだけでもおいしいですが、
焼いてからフレーク状に
ほぐしておくと便利です。

鮭フレークと卵サラダのカナッペ

自家製鮭フレークと卵サラダを合わせました。
具をたっぷりはさんでサンドイッチにしても。

＊材料(2人分)

鮭の乳酸発酵漬け　1/2切れ
ゆで卵　1個
マヨネーズ　大さじ1
こしょう　少々
ライ麦パン(7〜8mm厚さ)　4枚
粒マスタード　適量
紫玉ねぎ(薄切り)　1/4個分
ディル　少々

1　鮭の乳酸発酵漬けは水気をふき、両面をグリルで焼く。皮と骨を除き、細かくほぐす。
2　ゆで卵は卵黄と卵白に分けてそれぞれを粗く刻み、マヨネーズとこしょうを加えて混ぜ合わせる。
3　ライ麦パンに粒マスタードをぬり、紫玉ねぎを敷き、1と2をあえてのせ、ディルを飾る。

＊材料(作りやすい分量)

生鮭(切り身)　400g(3切れ)
水　3カップ
塩　大さじ1〜1 1/2

＊漬け方

1　分量の水に塩を加え、よく混ぜて塩を溶かす。
2　保存容器(容量1.5ℓ)に生鮭を入れ、1を注ぐ。ふたをして冷蔵庫で2〜3日漬ける。
・冷蔵庫で3〜4日保存が可能。

鮭とじゃがいもの サワークリーム煮

味つけは、漬け汁とサワークリームだけ。
白いご飯にも合うやさしい味わいです。

✳ 材料(2人分)

A 　**鮭の乳酸発酵漬け**　2切れ
　　じゃがいも(5mm厚さの輪切り)　1個分
　　玉ねぎ(薄切り)　1/4個分
　　漬け汁　1カップ
　　水　1カップ
サワークリーム
　　プレーンヨーグルト　50g
　　生クリーム　50ml
イタリアンパセリ(みじん切り)　少々

1　フライパンにAを入れ、20分煮る。
2　プレーンヨーグルトに生クリームを少しずつ混ぜ合わせてサワークリームを作り、1に加えて軽く煮る。器に盛り、イタリアンパセリを散らす。

鮭とイクラのちらしずし

鮭フレークに、イクラときゅうりの塩もみを合わせた彩りも華やかなおすし。ごまと青じそで風味よく仕上げました。

✳ 材料(2人分)

鮭の乳酸発酵漬け　1切れ　　きゅうり(小口切り)　2本分
ご飯　400g　　　　　　　　　 塩　少々
すし酢　　　　　　　　　　　　青じそ(みじん切り)　3枚分
　　酢　大さじ2　　　　　　　 いり白ごま　小さじ1
　　砂糖　大さじ1　　　　　　 イクラ(市販)　適量
　　塩　小さじ1/4

1　鮭の乳酸発酵漬けは水気をふき、両面をグリルで焼く。皮と骨を除き、ほぐす。
2　すし酢の材料を混ぜ合わせる。炊きたてのご飯にすし酢を加えて混ぜ、冷ます。
3　きゅうりは塩もみし、水気を絞る。
4　2のすし飯に、3、青じそ、白ごまを混ぜ、器に盛る。1とイクラをのせる。

発酵調味料

みそを仕込む 米みそ

発酵調味料

家庭で手軽に作れる発酵食品の代表がみそです。近年、みそ汁の摂取が多いほど乳がんになりにくい、という報告もあるように、発酵食品によって免疫力が高まることが注目されています。日本のみそのほかに、塩水を使った中国の発酵調味料とその応用料理をご紹介します。

仕込み後

3か月おいたもの

米みそ

みそを仕込む 1

ゆでた大豆に、米こうじ、大豆のゆで汁と塩を加えて発酵させると、乳酸菌や酵母によって熟成したうまみが生まれます。大量に作るのは大仕事なので、まず1kgから始めることをおすすめします。通常は冬に仕込み、夏を越して半年間熟成させる"寒仕込み"ですが、夏に仕込めば2か月ほどの熟成でおいしく食べられるので、手軽です。たくさん作りたい場合は、4倍量で同様に作れば、4kgのみそができ上がります。

* 材料
（でき上がり約1kg）

大豆（乾燥）　250g
米こうじ　250g
塩　125g

* 下準備

大豆はさっと洗って鍋に入れ、たっぷりの水を加えて一晩おき、もどす。

* 仕込み方

1
もどした大豆をもどし汁ごと強火にかけ、沸騰したらあくを取って弱めの中火にし、2時間ほどゆでる。途中、水分が少なくなったら水を適宜足し、最終的に1カップほどのゆで汁を残す。

2
大豆が指で押しつぶれるくらいのやわらかさになるまでが、ゆでる目安。ざるに上げて汁気をきり、ゆで汁1カップは取りおく。

3
大豆が熱いうちにポリ袋に入れ、袋の上からめん棒を転がして大豆をつぶす。またはフードプロセッサーに入れ、ゆで汁少々を加えてペースト状につぶす。

4
3をボウルに入れ、米こうじをほぐして加え、手でよく混ぜ合わせる。

5
別のボウルに塩を入れ、取りおいた大豆のゆで汁1/2カップを加えて混ぜ合わせる。

6
4に5を加え、手でよく混ぜ合わせる。

7
上から手で押しながら空気を抜き、表面を平らにならす。空気にふれないようにラップをぴっちりかぶせ、ふたをして涼しいところにおく。月に一度天地返しをして、半年熟成させる。夏仕込みの場合は、常温で保存して2～3か月ねかせれば食べごろ。冷蔵庫で半年以上は保存が可能。かびが出た場合は、その部分を取り除く。

米みそを応用して

なめみそ

自家製みそで楽しみたいなめみそを4種類紹介します。常備しておけば、ご飯のおともに、おにぎりやお茶漬け、田楽など、みそ料理の幅が広がります。

ゆずみそ

ふろふき大根や、豆腐やこんにゃくの田楽にはこれ！

* 材料

米みそ（p.57参照） 100g
みりん、酒、砂糖 各大さじ3
ゆずの皮 1個分（正味25g）

1 ゆずの皮は白いわたを除き、刻む。
2 鍋にすべての材料を入れ、弱火でもったりするまで練る。
・冷蔵庫で約1か月保存が可能。

くるみみそ

くるみの香ばしさがアクセント。五平餅や焼きおにぎりにも！

* 材料

米みそ（p.57参照） 100g
みりん、酒、砂糖 各大さじ3
くるみ 50g

1 くるみは刻み、フライパンでからいりする。
2 鍋にすべての材料を入れ、弱火でもったりするまで練る。
・冷蔵庫で約1か月保存が可能。

にんにくみそ

ディップ感覚で野菜スティックにつけて。酒の肴にも合います。

* 材料

米みそ（p.57参照） 100g
みりん、酒 各大さじ3
砂糖 大さじ1
にんにく 4かけ

1 にんにくはみじん切りにする。
2 鍋にすべての材料を入れ、弱火でもったりするまで練る。
・冷蔵庫で約1か月保存が可能。

油みそ

沖縄のご飯のとも。おでんに添えたり、野菜炒めの味つけにも。

* 材料

米みそ（p.57参照） 100g
豚バラ薄切り肉 50g
みりん、酒、砂糖 各大さじ3
粗びき赤とうがらし 小さじ1/4

1 豚バラ肉は粗みじん切りにする。
2 鍋にすべての材料を入れて中火にかけ、肉に火が通り、もったりするまで練る。
・冷蔵庫で約1か月保存が可能。

即席みそ汁

みそに削りがつおやのりを混ぜてみそ玉を作っておけば、湯を注ぐだけで、いつでもおいしいみそ汁が味わえます。

* 材料（1人分）

みそ玉
　米みそ（p.57参照） 大さじ1
　削りがつお 大さじ1
　いり白ごま 小さじ1/2
　焼きのり 1/4枚
万能ねぎ（小口切り） 小さじ1

みそ玉の材料を混ぜ合わせて丸める。万能ねぎとともに器に入れ、熱湯1カップを注ぎ、よく混ぜる。

ゆずみそ

くるみみそ

にんにくみそ

油みそ

発酵調味料　みそを仕込む　豆みそ

| 桜みそを使って | なすの田楽 |

甘めの桜みそが、油で揚げたなすと好相性。ゆでた大根やこんにゃくにぬってもおいしいです。

＊材料（2人分）

米なす　1個
桜みそ（p.61参照）　適量
いり白ごま　少々
揚げ油　適量

1　米なすは縦半分に切り、果肉に格子状に隠し包丁を入れる。皮の側を少し切り落として平らにする。
2　油を中温（170℃）に熱し、1を色よく揚げ、油をきる。
3　2の上面に桜みそをぬり広げ、ごまをふる。

ゆずみそ

くるみみそ

にんにくみそ

油みそ

発酵調味料 みそを仕込む 豆みそ

10日ほどたったもの

8か月おいたもの

みそを仕込む 2 豆みそ

豆こうじで作るみそです。主に愛知県を中心に生産され、みそカツ、みそ煮込みうどん、みそおでんなど、いろいろな料理に活躍します。家庭では市販の豆こうじを購入し、塩水を混ぜるだけでいいので、手軽に作れます。米みそよりも熟成期間が長く、黒みを帯びた濃い茶色で、うまみが強いのが特徴です。

* **材料**（でき上がり約800g）
豆こうじ　500g
塩　100g
水　1カップ

* **仕込み方**

1
分量の水に塩を加え、よく混ぜて塩を溶かす。

2
豆こうじをボウルに入れ、1を加えてよく混ぜ合わせる。

3
清潔な保存容器に2を入れ、上から手で押しながら空気を抜き、表面を平らにならす。空気にふれないようにラップをぴっちりかぶせ、ふたをして涼しいところにおく。月に一度つぶしながら天地返しをし、半年〜1年熟成させる。みその色が真っ黒になったらでき上がり。冷蔵庫で半年以上は保存が可能。

豆みそを応用して
桜みそ

酒、みりん、砂糖を混ぜて練り上げた調合みそ。
田楽や赤だしなどに。

＊材料

豆みそ（p.60参照）　200g
酒、みりん　各¼カップ
砂糖　大さじ5

鍋にすべての材料を入れ、弱火でねっとりしてつやが出るまで練る。

豆みそを応用して
甜麺醤（テンメンジャン）

回鍋肉や麻婆豆腐に欠かせない中華調味料。
豆みそで簡単に作れます。

＊材料

豆みそ（p.60参照）　100g
紹興酒　¼カップ
砂糖　大さじ3
ごま油　大さじ1
五香粉（ウーシャンフェン）
　小さじ¼

鍋にすべての材料を入れ、弱火でねっとりするまで練る。

発酵調味料　みそを仕込む　豆みそ

桜みそを使って なすの田楽

甘めの桜みそが、油で揚げたなすと好相性。ゆでた大根やこんにゃくにぬってもおいしいです。

＊材料（2人分）

米なす　1個
桜みそ（p.61参照）　適量
いり白ごま　少々
揚げ油　適量

1　米なすは縦半分に切り、果肉に格子状に隠し包丁を入れる。皮の側を少し切り落として平らにする。
2　油を中温（170℃）に熱し、1を色よく揚げ、油をきる。
3　2の上面に桜みそをぬり広げ、ごまをふる。

桜みそを使って かき鍋

煮汁は、こくのある桜みそを酒と水で溶くだけ。だしは必要ありません。

＊材料(2人分)

A 桜みそ(p.61参照) 80g
　水 1カップ
　酒 ½カップ
生がき 1パック(300g)
塩 少々
しらたき 1袋
豆腐 1丁
春菊 1束
長ねぎ 1本

1 Aを混ぜ合わせてみそを溶く。

2 かきはざるに入れて塩をふり、ざっと混ぜて流水で洗い、水気をきる。しらたきは洗って食べやすい長さに切り、熱湯でゆで、水気をきる。豆腐は3cm角、1cm厚さに切る。春菊は半分の長さに切る。長ねぎは1cm幅の斜め切りにする。

3 土鍋にすべての具を並べ、1を注ぎ、火にかけて煮る。好みで桜みそ(分量外)を加えてもよい。

発酵調味料 みそを仕込む 豆みそ

甜麺醤を使って チャーシューサンド

春餅の代わりにサンドイッチ用の食パンを使って、甜麺醤を添えていただきます。

* 材料(2人分)

豚肩ロース塊肉　200g
塩、こしょう　各少々
A　しょうゆ　大さじ1
　　紹興酒　大さじ1
　　砂糖　大さじ1
　　はちみつ　大さじ1/2
　　五香粉　小さじ1/4
はちみつ　適量

食パン(サンドイッチ用)　4枚
長ねぎ(せん切り)　適量
香菜　少々
甜麺醤(p.61参照)　適量

1　豚肉にフォークで穴をあけ、塩、こしょうをすりこむ。ポリ袋にAとともに入れてもみ、1時間〜一晩漬ける。
2　1をグリルで焼く。焦げそうになったら、アルミ箔をかぶせて焼く。焼き上がったらはちみつをまぶす。
3　食パンは直径9〜10cmのセルクルで丸く抜き、蒸し器で温める。
4　3に薄く切ったチャーシュー、長ねぎ、香菜をのせ、甜麺醤を添える。

甜麺醤を使って 回鍋肉

甘味とコクのある甜麺醤が味の決め手。豚肉とキャベツの甘みが引き立ちます。

＊材料(2人分)

豚切り落とし肉　150g
塩、こしょう　各少々
キャベツ　150g
ピーマン　1個
長ねぎ　10cm
にんにく(薄切り)　1かけ分
しょうが(薄切り)　1かけ分
豆板辣醤(p.75参照)　小さじ1
甜麺醤(p.61参照)　大さじ1

A　酒　大さじ1
　　しょうゆ　大さじ1/2
　　かたくり粉　小さじ1/2
　　(倍量の水で溶く)
植物油　大さじ1 1/2
ごま油　小さじ1

1　豚肉は塩、こしょうをふる。キャベツとピーマンは3〜4cm大に切る。長ねぎは、細切りにしてから1cm長さに切る。
2　Aの材料を混ぜ合わせる。
3　フライパンに油を熱し、1の豚肉を中火で炒め、にんにく、しょうが、長ねぎを加え、豆板辣醤、甜麺醤を加えて炒める。
4　キャベツとピーマンを加えて炒め合わせ、2を加えて調味し、仕上げにごま油を回し入れる。

COLUMN3 甘酒

* 材料
（作りやすい分量／
でき上がり約500ml）

米こうじ　300g
温かいご飯　150g
水　500ml

COLUMN 3　甘酒
日本伝統の発酵ドリンク

米こうじにご飯や水を加えて発酵させた甘酒は、飲む点滴といわれるほど栄養価が高く、栄養分が素早く吸収されるので、疲れたときに最適です。このレシピは、通常よりこうじの量を多く使っているため、早くでき上がり、色も濃いめに仕上がります。時間が経過するにしたがって乳酸発酵が進み、酸味が出てきますが、それが中国の発酵調味料の酒醸（チューニャン）と似ているので、天然の甘味料として料理に使うこともできます。

1
炊飯器に、米こうじ、温かいご飯、分量の水を入れて混ぜ合わせる。

2
保温スイッチを入れ、ふきんをかけてざるをのせ、ふたを開けたまま（50〜60℃を保ちながら）5時間ほどおく。途中1時間ほどしたらよく混ぜる。炊飯器がない場合は、保温ポットで作ることも可能。

でき上がり。保存瓶などに移し、冷蔵庫で1週間保存が可能。

飲むときは、湯適量で溶いて、好みの濃度に調節する。好みで塩とおろししょうが各少々を加えてもよい。

えびチリ

中国の酒醸(チューニャン)の代わりに甘酒を使用。
辛さの中にもこくのある甘味が全体をまとめてくれます。

✴︎ 材料(2人分)

えび(無頭・殻つき)　8尾
塩、こしょう　各少々
酒　小さじ1
かたくり粉　小さじ1
A　トマトケチャップ
　　　大さじ1½
　　甘酒　大さじ1
　　塩　少々
　　しょうゆ　小さじ1
　　水　大さじ1
にんにく(みじん切り)
　½かけ分
しょうが(みじん切り)
　½かけ分
長ねぎ(みじん切り)　10cm分
豆板辣醤(p.75参照)
　小さじ½
植物油　大さじ3
ごま油　小さじ½

1　えびは尾を残して殻をむき、背わたを除く。塩、こしょう、酒で下味をつけ、かたくり粉をまぶす。
2　Aは混ぜ合わせる。
3　フライパンに油を熱し、1のえびを炒め、えびの色が変わったら、油を残して取り出す。
4　3のフライパンににんにく、しょうが、豆板辣醤を入れて炒め、香りが立ったら2を加えて混ぜる。えびを戻し入れ、長ねぎを加えて一煮し、ごま油を回し入れる。

肉だんごの甘酢あん

隠し味に甘酒を加えて、こくのある甘酢あんに。
肉だんごにも蓮根を加えて歯ざわりよく仕上げました。

✴︎ 材料(2人分)

蓮根　140g
A　豚ひき肉　200g
　　塩、こしょう　各少々
　　しょうゆ　少々
　　酒　大さじ1
　　水　大さじ2
小麦粉　大さじ1
甘酢あん
　甘酒　大さじ2
　しょうゆ、酒、酢、
　　砂糖　各大さじ1
　かたくり粉　小さじ¼
　　(倍量の水で溶く)
揚げ油　適量
植物油　小さじ½

1　蓮根は半量はみじん切りにし、残りは乱切りにする。
2　ボウルにAを入れてよく練り混ぜ、白っぽくなったら蓮根のみじん切りを加え、小麦粉を加えて混ぜ、一口大に丸める。
3　フライパンに油を2cm深さに入れ、乱切りの蓮根を素揚げにする。続いて、2の肉だんごを入れてこんがり色づくまで揚げる。
4　鍋に油を熱し、甘酢あんの材料を入れて煮立て、とろりとしたら3の蓮根と肉だんごを入れてからめる。

発酵調味料

赤とうがらしを漬ける 泡椒醬・辣椒醬

パオジャオジャン
泡椒醬

具を刻むと →

ラージャオジャン
辣椒醬

1 泡椒醬と辣椒醬

赤とうがらしを漬ける

赤とうがらしを塩水に漬けて乳酸発酵させた四川の調味料。辛さだけでなく、酸味があるのが特徴です。魚の辛味煮や炒め物などに。ちなみに、四川料理特有の魚香（ユイシャン）という味つけは、この泡椒醬に鮒（ふな）を漬け込んだ汁を入れるところからこの名がつけられています。泡椒醬に漬けた具を刻めば、辣椒醬（ラージャオジャン）という調味料として使えます。豆板醬の代わりに、料理の辛味づけに幅広く使える便利な調味料です。

＊材料
（でき上がり約500g）

赤とうがらし
（へたを取る）
20g（約30本）
にんにく（薄切り）
1かけ分
しょうが（薄切り）
1かけ分
水　2カップ
塩　小さじ2
酒　大さじ2

＊泡椒醬の漬け方

保存瓶（約500㎖）に、分量の水と塩を入れて溶き、酒を加え、赤とうがらし、にんにく、しょうがを漬ける。冷蔵庫で約2か月保存が可能。時間がたち、酸っぱくなったほうがおいしい。

＊辣椒醬の作り方

1
泡椒醬に漬けた赤とうがらし、しょうが、にんにくを粗く刻む。

2
包丁を2本使って、さらに細かく刻む。
冷蔵庫で約半年保存が可能。

| 泡椒醬と辣椒醬を使って | さわらのとうがらし煮 |

辛味と酸味が効いた四川風の煮魚。甘辛い和風の煮魚とは異なる、さっぱりした味わいが新鮮。

✷ 材料(2人分)

さわら　2切れ
塩　ひとつまみ
A　**泡椒醬**(p.68参照)　1/2カップ
　　水　1/2カップ
　　紹興酒　大さじ2
　　辣椒醬(p.68参照)　大さじ1
しょうゆ　大さじ1/2
ホワイトセロリ　1束

1　さわらは塩をまぶす。
2　フライパンにAを入れて煮立て、1を入れる。再び煮立ったらしょうゆを加え、ふたをしてさわらに火が通るまで3〜4分煮る。
3　ホワイトセロリを5cm長さに切って加え、一煮する。

発酵調味料 ／ 赤とうがらしを漬ける 泡椒醬・辣椒醬

[泡椒醬と辣椒醬を使って] ## 牛肉となすのピリ辛炒め

ご飯がすすむ、中華の定番の炒め物〝魚香茄子〟です。泡椒醬と辣椒醬で、本格的な味が楽しめます。

✽材料(2人分)

牛肉(焼き肉用) 150g
塩 小さじ1/4
酒 小さじ1
かたくり粉
　小さじ1/2(倍量の水で溶く)
なす 小2本(170g)

A 泡椒醬(p.68参照) 大さじ1
　酒 大さじ1
　しょうゆ 大さじ2/3
　酢 小さじ1
　砂糖 小さじ1/2
　塩 少々
辣椒醬(p.68参照) 大さじ1
植物油 大さじ4

1 牛肉は細切りにし、塩と酒をふってもみ、水溶きかたくり粉を加えてさらにもみ込む。なすは縦に細切りにする。
2 Aを混ぜ合わせる。
3 フライパンに油大さじ3を熱し、なすをしんなりするまで炒め、取り出す。
4 油大さじ1を足して**1**を炒め、色が変わったら、**3**を戻し入れ、辣椒醬を加えて炒め、**2**を加えて炒め合わせる。

里芋と豚肉の米粉蒸し

泡椒醬と辣椒醬を使って

中国南部の米どころで食べられている料理〝粉蒸肉〟です。いった米をつぶし、濃いめに味つけした材料にまぶして蒸し上げます。

＊材料（2人分）

豚肩ロース塊肉　150g
里芋　6個（200g）
A　**甜麺醬**（p.61参照）　大さじ1
　　泡椒醬（p.68参照）　大さじ1
　　辣椒醬（p.68参照）　小さじ1
　　しょうゆ　大さじ1
　　砂糖　小さじ1/2
　　五香粉　小さじ1/4
　　ごま油　大さじ1/2
米　大さじ2
長ねぎ（みじん切り）　大さじ2
ごま油　大さじ1

1　豚肉は一口大の角切りにし、里芋は皮をむいて縦半分に切る。ボウルに入れてAをまぶす。

2　米をフライパンで色よくからいりし、すり鉢ですりつぶして1に加える。

3　2を器に入れ、蒸気の上がった蒸し器で、強火で25分蒸す。長ねぎをのせ、熱したごま油を回しかける。

発酵調味料　赤とうがらしを漬ける　泡椒醤・辣椒醤

辣椒醤を使って じゃがいもとピーナッツの炒め物

材料を油通しすることで、水分が抜けてうまみがアップします。一気に炒めて、手早く仕上げましょう。

＊材料(2人分)

鶏もも肉　1/2枚(150g)
塩、こしょう　各少々
酒　小さじ1
かたくり粉　小さじ1
じゃがいも　1個
ピーナッツ　50g
長ねぎ(ぶつ切り)　10cm
辣椒醤(p.68参照)　大さじ1/2

A　しょうゆ　大さじ1
　　酢　小さじ1/2
　　酒　大さじ1
　　砂糖　小さじ1
揚げ油　適量
植物油　大さじ1

1　鶏肉は小さい角切りにし、塩、こしょう、酒、かたくり粉をまぶす。

2　じゃがいもは皮ごとさいの目切りにし、中温(170℃)の油で素揚げにし、取り出す。続いて、ピーナッツを素揚げにし、取り出す。次に1を入れて油通しし、取り出す。

3　フライパンに油を熱し、長ねぎを炒め、辣椒醤を加えて炒める。2を入れて炒め合わせ、Aを加えて調味する。

辣椒醤を使って　たけのことそら豆の炒め物

中国四川省の春のごちそう！　そら豆の旬に作りたい。干しえびは、もどし汁も利用してこくをプラスします。

＊材料（2人分）

ゆでたけのこ　100g
そら豆（塩ゆでして薄皮をむいたもの）
　100g
干しえび　20g
長ねぎのみじん切り　大さじ1
辣椒醤（p.68参照）　大さじ1/2

酒　小さじ1
塩　小さじ1/4
砂糖　少々
植物油　大さじ1
ごま油　大さじ1/2

1　ゆでたけのこは、縦に薄切りにする。干しえびは水でもどし、もどし汁大さじ1をとっておく。

2　フライパンに油を熱して辣椒醤、長ねぎ、1の干しえびを炒め、そら豆、たけのこを順に加えて炒め合わせる。

3　干しえびのもどし汁大さじ1、酒、塩、砂糖を加えて調味し、仕上げにごま油を回し入れる。

発酵調味料 赤とうがらしを漬ける 辣椒醬・豆板辣醬

辣椒醬を使って
豚肉とこんにゃくの炒め物

中国貴州省の家庭料理。
薄切りにしたこんにゃくは食感もよく、食べごたえも充分。

＊材料（2人分）

豚バラ薄切り肉　100g
塩、こしょう　各少々
こんにゃく　小130g
辣椒醬（p.68参照）　小さじ2
しょうゆ　少々
植物油　大さじ1/2
ごま油　小さじ1

1　豚肉は5cm長さに切り、塩、こしょうをまぶす。こんにゃくは薄切りにし、塩適量（分量外）をまぶしてもみ、洗って水気をきる。
2　フライパンに油を熱し、豚肉を炒め、こんにゃくを加えて炒め合わせる。辣椒醬、しょうゆを加えて炒め、仕上げにごま油を回し入れる。

辣椒醬を使って
煮干しとピーマンの炒め物

中国湖南省の家庭料理で煮干しと青とうがらしを合わせますが、手に入りやすいピーマンで代用しました。酒の肴にもおすすめ。

＊材料（2人分）

煮干し（頭とわたを取る）　50g
ピーマン（細切り）　2個分
長ねぎ（1cm幅の斜め切り）　8cm分
辣椒醬（p.68参照）　小さじ1
しょうゆ　小さじ1
植物油　大さじ3
ごま油　小さじ1

1　フライパンに油を熱し、煮干しをじっくり炒め揚げにし、取り出す。
2　続いて、ピーマンと長ねぎを入れて炒め、しんなりしたら1を戻し入れて炒め合わせる。
3　辣椒醬、しょうゆを加えて調味し、仕上げにごま油を回し入れる。

2 赤とうがらしを漬ける

豆板辣醬
(トウバンラージャン)

麻婆豆腐に欠かせない、中国伝統の発酵調味料。日本で豆板醬の名で親しまれているのは、中国では「そら豆みそ」のことで、「そら豆と赤とうがらしのみそ」は「豆板辣醬」と呼ばれています。四川省では、そら豆が出回る初夏に発酵乾燥させ、とうがらしが真っ赤に熟す秋を待って、生のとうがらしで豆板辣醬を仕込みます。赤とうがらしは乾燥でもかまいませんので、そら豆の旬を逃さずに、ぜひお試しください。熟成期間の短い豆板辣醬はフレッシュな味わいが楽しめ、1年以上熟成させたものは味に深みが出ます。四川には1年物から5年物まであります。

＊材料
（作りやすい分量）

そら豆（さやから出したもの）
　130g
小麦粉　大さじ1
赤とうがらし（へたを取る）
　40g
塩　40g
湯冷まし　1カップ

＊漬け方

1
そら豆はゆで、皮をむいて半分に割る。皮は手で細かくちぎる。

2
1をざるにのせ、小麦粉をまぶし、広げる。

3
ざるをかぶせて、涼しいところにおき、毎日、朝夕に混ぜて、1週間〜10日発酵乾燥させる。白い胞子菌が出てくるが毎日混ぜ続ける。

4
1週間、発酵乾燥させたそら豆（約20g）。
秋の完熟とうがらしが出回るまで待つ場合は、ポリ袋に入れて冷蔵庫で保存する。

5
赤とうがらしは種ごとフードプロセッサーで細かくする。ボウルに入れ、4、塩、湯冷ましを合わせる。

6
全体がなじむまでよく混ぜる。

7
保存瓶に入れ、軽くふたをして室温におく。天気がいい日にふたを取って天日干しをして（または日当たりのいい室内におく）混ぜ、1か月以上発酵させる。香り、味が熟成するには1年ほどおくとよい。

発酵調味料　赤とうがらしを漬ける　豆板辣醬

豆板辣醬を使って　魚介の怪味ソースがけ

怪味ソースは四川料理の冷菜に用いるソース。辛味、甘味、酸味の合わさった複雑なおいしさ。蒸し鶏や豆腐サラダにも合います。

✴︎ 材料(2人分)

やりいか　1ぱい
帆立貝柱　4個
さやいんげん
　　小15本
酒　大さじ1
塩　ひとつまみ

怪味ソース
　酢、砂糖、ラー油　各大さじ1/2
　しょうゆ、芝麻醬　各大さじ1
　豆板辣醬(p.75参照)　小さじ1/2
　にんにく(みじん切り)　小さじ1/2
　しょうが(みじん切り)　小さじ1/2
　花椒(すりつぶす)　小さじ1/2

1 やりいかは足とわたを抜いて軟骨をはずす。胴は斜め格子状に切り目を入れてそぎ切りにし、足は2〜3cm長さに切る。帆立は厚みを半分に切る。さやいんげんは、長さを半分に切る。

2 鍋に湯を沸かして塩と酒を加え、いかと帆立をさっとゆでて火を通し、ざるに上げて湯をきる。続いてさやいんげんをゆでて、湯をきる。

3 怪味ソースの材料を混ぜ合わせる。

4 器に **2** を盛り合わせ、**3** をかける。

| 豆板辣醬を使って | # 棒棒鶏 |

鶏胸肉は弱火で5分ゆで、ゆで汁の中で冷ますとしっとり仕上がります。麺にのせて、たれをからめながら食べてもおいしい！

＊材料(2人分)

鶏胸肉　300g
A　しょうが　1かけ
　　長ねぎの青い部分
　　　10cm
　　酒　大さじ1
きゅうり　1本
トマト(薄切り)　1/2個

B　しょうゆ　大さじ3
　豆板辣醬(p.75参照)、
　　酢、ラー油　各大さじ1
　砂糖　大さじ1/2
　すり白ごま　大さじ2
　長ねぎ(みじん切り)　大さじ1
　にんにく、しょうが
　　(みじん切り)　各小さじ1
ピーナッツ　大さじ3

1　鍋に鶏肉とAを入れてかぶるくらいの水を注ぎ、ふたをして火にかけ、煮立ってから弱火で5分煮る。そのまま冷ます。鶏肉の水気をふき、8mm厚さに切る。

2　きゅうりは縦半分に切り、半量は4cm長さのせん切りにする。残りは3cm幅の斜め切りにし、切り込みを4本入れ、両端から2枚目を内側に折り込む。

3　器にせん切りのきゅうりを敷いて鶏肉をのせ、きゅうりの飾り切りとトマトを添える。Bを混ぜ合わせて鶏肉にかけ、ピーナッツを散らす。

発酵調味料　赤とうがらしを漬ける　豆板辣醬

[豆板辣醬を使って] ## 麻婆豆腐

繰り返し作りたい中華のおかず。豆板辣醬と甜麺醬で本場の味に。本場四川では牛ひき肉を使うのが一般的です。

* 材料(2人分)

木綿豆腐　1丁(300g)
塩　少々
牛ひき肉　100g
にんにく(みじん切り)　1かけ分
しょうが(みじん切り)　1かけ分
豆板辣醬(p.75参照)　大さじ1/2
甜麺醬(p.61参照)　大さじ1/2
酒　大さじ1
しょうゆ　大さじ1
かたくり粉　小さじ1(倍量の水で溶く)
長ねぎ(みじん切り)　大さじ2
花椒(すりつぶす)　小さじ1
植物油　大さじ3

1　豆腐は10等分に切り、塩を加えた熱湯で温める。
2　フライパンに油大さじ1を熱し、ひき肉を炒め、色が変わったら、にんにく、しょうが、豆板辣醬、甜麺醬を加えてよく炒める。酒、しょうゆ、水1/2カップを加え、煮立ったら、1の豆腐を入れて煮る。
3　水溶きかたくり粉を加えてとろみをつけ、油大さじ2を混ぜ、長ねぎ、花椒を加えて混ぜ合わせる。

豆板辣醤を使って 汁なし担々麺

しっかり味つけした肉みそを、麺にからめて食べる本場のスタイル。肉みそは多めに作って常備しておくと便利。

✴︎ 材料(2人分)

肉みそ
 豚ひき肉　100g
 ザーツァイ(みじん切り)　20g
 にんにく(みじん切り)　1かけ分
 しょうが(みじん切り)　1かけ分
 豆板辣醤(p.75参照)　大さじ1/2
 甜麺醤(p.61参照)　大さじ1/2
 酒　大さじ1
 しょうゆ　大さじ1

中華生麺　2玉
香菜　適量
ピーナッツ　大さじ1
すり白ごま　少々
植物油　小さじ1
ごま油　少々

1　肉みそを作る。フライパンに油を熱し、ひき肉、にんにく、しょうがを炒め、さっと洗ったザーツァイを加えて炒め、豆板辣醤、甜麺醤、酒、しょうゆを加えて調味し、よく炒める。

2　鍋に湯を沸かして、中華生麺を袋の表示どおりにゆでる。

3　麺の湯をきって、器に盛り、肉みそ、香菜をのせ、ピーナッツを散らし、ごまとごま油をふる。

荻野恭子 おぎの きょうこ

東京生まれ。料理研究家、栄養士。女子栄養短期大学卒。(旧)恵比寿中国料理学院で師範の免許修得。各種の料理学校で世界の料理を学ぶ。1974年からはロシアをはじめ、イラン、トルコ、中国、韓国など、50か国以上を訪れ、現地の家庭で料理を習い、食文化の研究を続けている。自宅にて「サロン・ド・キュイジーヌ」主宰。TVの料理番組や雑誌で活躍。著書に「ポリ袋漬けのすすめ」、「ヨーグルトマジック」(共に文化出版局刊)、「家庭で作れるロシア料理」、「家庭で作れるトルコ料理」(共に河出書房新社刊)など、多数ある。「風邪や花粉症対策に、ぬるま湯1カップに塩小さじ1を溶かした塩水で、うがい、鼻洗い、目洗いをする塩水健康法を実践中」

http://www.cook-ogino.jp

ブックデザイン　若山嘉代子　若山美樹　L'espace
撮影　三木麻奈
スタイリング　久保原恵理
イラスト　ine
調理アシスタント　桜井愛子、藤井里奈
校閲　田中美穂
編集　内田加寿子
　　　浅井香織(文化出版局)

「乳酸発酵漬け」の作りおき

2017年5月22日　第1刷発行

著　者　荻野恭子
発行者　大沼 淳
発行所　学校法人文化学園　文化出版局
　　　　〒151-8524　東京都渋谷区代々木3-22-1
　　　　電話03-3299-2565(編集)
　　　　　　03-3299-2540(営業)
印刷・製本所　凸版印刷株式会社

©Kyoko Ogino 2017　Printed in Japan
本書の写真、カット及び内容の無断転載を禁じます。

本書のコピー、スキャン、デジタル化等の無断複製は著作権法上での例外を除き、禁じられています。
本書を代行業者等の第三者に依頼してスキャンやデジタル化することは、たとえ個人や家庭内での利用でも著作権法違反になります。

文化出版局のホームページ　http://books.bunka.ac.jp/